# LA MÉTHODE

# ETHOS FLOW

ISBN : 978-2-8132-2874-1



www.editions-tredaniel.com
info@guytredaniel.fr
www.facebook.com/editions.tredaniel
@tredaniel_bienvivre

Chris Tai Melodista, Timothy Mirthil, Benjamin Pallisé,
Jean-Philippe Dary, Julien Chenaf

# LA MÉTHODE

**RESPIRER**

# ETHOS

**BOUGER**

# FLOW

**MÉDITER**

Guy Trédaniel éditeur
19, rue Saint-Séverin
75005 Paris

# Avertissement

La pratique de la respiration et du mouvement implique un engagement plein et entier du guide auprès de son apprenant. À ce titre, chaque instructeur de la méthode Ethos Flow associe à son enseignement une éthique rigoureuse.

Celle-ci implique la demande d'une autorisation afin de corriger une position ou un geste de l'apprenant ; les instructeurs Ethos Flow condamnent tout comportement inapproprié et tous les abus physiques ou verbaux. Ils invitent également tout stagiaire qui en ressent le besoin à consulter un médecin en cas de douleur corporelle ou un psychologue en cas de trouble émotionnel à la suite d'une séance.

Enfin, la méthode Ethos Flow ne prétend pas se substituer à la médecine ou à la psychologie mais propose une pratique de soi quotidienne pour vivre mieux. Elle est accessible à tous.

Le meilleur moment pour respirer, c'est maintenant !

# Sommaire

## LA CRÉATIVITÉ



## LA CONNAISSANCE DE SOI

## LA TRANSFORMATION

# Introduction

Comment expliqueriez-vous le goût d'une fraise à quelqu'un qui n'en a jamais dégusté ? Vous sauriez sans doute évoquer sa texture, sa couleur, comparer sa saveur mais, malgré tous vos efforts, vous auriez toutes les difficultés à transmettre vos sensations à votre auditeur. Il n'en aura qu'une maigre représentation, une image mais pas son goût, son odeur, sa texture. Il en va de même pour la respiration. C'est uniquement en la goûtant que vous pourrez en percevoir toute la saveur et tout le parfum. C'est ce que nous vous proposons avec ce livre : vous faire vivre une expérience nouvelle, personnelle et indescriptible.

Alors, faisons dès à présent l'expérience d'une respiration consciente. Portez votre attention sur vos sensations et vos sens. Commencez à vous concentrer sur l'air qui rentre et qui sort doucement de la pointe de votre nez. Juste cela. Quelles sont vos sensations ? Peut-être allez-vous commencer à entendre les bruits de votre corps, les gargouillis dans l'estomac ou peut-être entendez-vous le son de votre propre respiration ?

Est-ce que je sens les sensations sur mon visage, dans les paumes de mes mains ? Je sens peut-être de la chaleur ou alors de la fraîcheur ? Est-ce que je peux sentir mon corps, sa gravité, son poids ? Puis-je sentir l'endroit où je suis ? Quelles sont les parties de mon corps qui font contact avec le sol ou la chaise ? Peut-être que je commence à déglutir ; quelle est la saveur de ma salive dans ma bouche ? Je me reconnecte avec ce moment.

Désormais, je porte l'attention sur ma respiration, j'en prends conscience et je m'aperçois que ma respiration a changé. Quelle est la sensation à l'intérieur du corps ? Est-ce que je sens mon diaphragme ou peut-être mon ventre ? Est-ce ma poitrine qui bouge ou bien mes épaules ? Où se logent mes tensions, peut-être entre mes yeux, mes sourcils, mes mains, mes doigts de pieds ou sur mes épaules ? Quelles sont ces sensations ? Comment je me sens ? Je recommence à me connecter avec cette respiration et toutes ces sensations.

Désormais, vous allez vous connecter avec cette respiration comme avec un ami qui aurait été avec vous toute votre vie mais à qui, pour la première fois, vous allez donner une attention réelle et pleine. Quels sont les détails et les contours de votre respiration ? Quelles sont ces choses qui vous permettent de vous connecter avec bienveillance, avec confiance, avec curiosité, avec plaisir ?

Je choisis de me connecter avec cette respiration qui vit à l'intérieur de moi-même, qui nourrit chaque cellule, chaque muscle, chaque organe de mon corps. Juste ça, simplement ça, rien que ça.

Et puis vous allez faire quelque chose d'un peu plus fou. Vous allez commencer à être amoureux de votre respiration. Vous allez vous élever dans l'amour. Vous n'allez pas tomber amoureux puisque l'amour, c'est quelque chose pour lequel on s'élève, avec du plaisir et du jeu. Et, tout doucement, vous allez mettre vos deux mains sur votre cœur. Vous allez approcher ces deux mains sur votre cœur et le sentir ; entendre votre rythme cardiaque. Alors, peut-être que vous devrez respirer plus doucement, plus tranquillement. De façon un peu plus silencieuse, effacée, pour laisser l'espace. Et écouter votre cœur. Et, tout doucement, peut-être, vous allez commencer à ressentir.

De l'attention, de l'intention, de la présence pour écouter et sentir ce cœur qui bat. Songez à la dernière fois que vous avez dit « merci », « merci », mon cœur, d'être ici et maintenant. Vous voulez savoir qui ne vous a jamais abandonné ? Votre cœur. Il a toujours été là, et peu importent vos états, peu importe ce que vous vivez. Que vous dormiez, que vous rêviez, que vous vous sentiez bien ou mal, dans les moments de stress, dans les moments obscurs, dans les moments joyeux. Alors, envoyez ce message d'appréciation, de remerciements. Comme si vous remerciiez un ami qui était toujours là, à vos côtés. Ce cœur qui bat, à l'intérieur, qui bouge et donne toute cette énergie, que les poumons attrapent dans votre corps et déploient dans chaque cellule, dans chaque organe, dans chaque muscle. Je me reconnecte avec ma respiration, je sens mon cœur qui bat. Et je dis à voix haute : « Merci, mon cœur, d'être toujours là ! »

Ce cœur va s'arrêter un jour. Et, à ce moment-là, plus rien, plus rien n'aura d'importance. Plus rien d'autre ne comptera que cet instant-là. Ce dernier souffle, cette dernière expiration, cette dernière pensée, ce dernier regard.

Le souffle, c'est ce qui anime toutes choses dans la vie. Au commencement était le souffle. Le souffle était là avant le verbe, car le verbe est une expiration ; on ne peut pas dire un mot sans prendre une inspiration, n'est-ce pas ? Toutes les choses animées dans ce monde commencent par un souffle. Toute action, toute pensée, toute émotion est modulée par ce souffle. Quand on a peur, la respiration se bloque. Quand on est exalté, elle augmente. Ce qui fait de nous des êtres émotionnels et assez peu rationnels.

Les émotions préfigurent nos pensées et l'accumulation de savoir est inutile si elle n'est pas soutenue par de l'émotionnel. Alors, nous allons chercher à ressentir puis à comprendre comment être à l'écoute, comment comprendre ce qui se passe à l'intérieur de moi et à l'extérieur du monde, comment ouvrir mon champ de vision à différentes perspectives. Nous allons expérimenter un ordre sans pouvoir extérieur, mais un ordre qui vient de l'intérieur. Le temps, l'attention et l'énergie de ce livre représentent un investissement pour vous, pour vivre bien et aussi vivre mieux.

Selon les maîtres soufis, le miracle, ce n'est pas de marcher sur l'eau, le miracle, c'est de respirer, de voir, de sentir, de toucher. Le miracle, c'est de vivre. « Toi aussi, tu n'es qu'un homme », dit le vieux dicton latin. Un homme n'est pas nécessairement fait pour être efficace et productif. Dans cet ouvrage, nous allons utiliser des outils, des sagesses anciennes et les rendre contemporains en nous référant aux neurosciences afin d'expérimenter cette vie. Car, dans la vie, rien n'est plus important que la vie elle-même.

Cela commence par ne plus chercher à rationaliser nos émotions, car la première fonction du cerveau est de s'adapter à des mouvements complexes, comme chasser, construire, se reproduire. En somme, tout ce qui était nécessaire à la survie de l'être humain. Le temps de ce livre, nous vous invitons à mettre entre parenthèses vos connaissances théoriques acquises à l'école, puis à l'âge adulte, au profit de l'exploration de vous-même. Non pas une connaissance fondée sur l'approbation extérieure, mais bien sur la curiosité intérieure.

La méthode Ethos Flow a été créée par Chris Tai Melodista, en 2013. Elle est née de la pratique assidue des multiples approches de la respiration et des mouvements pratiqués sur la planète. Ethos Flow cumule la pratique respiratoire du *pranayama* indien, du qi gong chez les taoïstes chinois, du *kiko* chez les Japonais, de l'éther grec, du *tummo* tibétain, du soufisme musulman ou des respirations russes développées par le Systema. Mais, avec toutes ces approches de la respiration, Chris Tai Melodista a d'abord cherché à leur donner une dimension « opérationnelle », de sorte que n'importe lequel d'entre nous puisse les rendre utiles et efficaces à n'importe quel moment de sa vie.

Grâce à ce livre, vous allez apprendre à « upgrader » votre corps, à la manière de votre téléphone portable ou de votre ordinateur. Cet apprentissage ludique et pédagogique, nous l'appelons « *human software upgrade* », c'est-à-dire un outil pour augmenter la base de nos capacités humaines. La méthode Ethos Flow envisage la pratique du souffle à partir de la pratique du mouvement et de la visualisation qui lui sont associés. Sans engagement du corps, sans engagement de l'esprit, la respiration perd la force de sa capacité opérationnelle.

Aujourd'hui, la science (les neurosciences et la neurobiologie en particulier) permet de consolider ce savoir par des expériences qui démontrent l'influence positive que la pratique du souffle apporte au cerveau et au corps.

Ainsi, cet ouvrage, destiné à vous initier à la méthode Ethos Flow, propose une approche simple divisée en quatre parties. Quatre thèmes qui constituent la base de notre enseignement : le stress, la connaissance de soi, la créativité et la transformation. Chacune de ces étapes sera abordée sous trois angles : sous la forme d'un dialogue avec Chris Tai Melodista d'abord, puis augmentée d'exercices pratiques et, enfin, accompagnée d'un éclairage thérapeutique de ces thèmes.

- Le premier angle est spirituel, avec un échange entre Chris Tai Melodista et Timothy Mirthil, instructeur. Car respirer est aussi un acte qui engage l'esprit.
- Le deuxième angle propose une série de douze exercices filmés, accessibles par un QR code. Ils vous aideront à mieux maîtriser chaque étape de votre journée.
- Le troisième angle est plus biologique grâce à l'éclairage de Benjamin Pallisé, kinéostéopathe. Il y met en lumière l'effet bénéfique de l'habitude du souffle et du mouvement sur le corps.

*La qualité de ma respiration, c'est la qualité de mes émotions. La qualité de mes émotions, c'est la qualité de mes pensées et de mes actions. Puis la qualité de mes pensées et de mes actions transforme à son tour la qualité de mes émotions. Enfin, la qualité de mes émotions détermine la manière dont j'expérimente la vie.*

Voici LE secret d'Ethos Flow que nous vous confions.
À vous de l'expérimenter dans les pages qui suivent !

# LE STRESS

# I

# Le stress du point de vue du moine

La pratique des moines, c'est leur vie. Lorsque l'on voit des moines, des yogis ou des gurus, on cherche à les imiter. Mais nous, civils, nous pratiquons et puis nous retournons à nos vies où, au contact des autres, nous interagissons, nous nous fâchons, nous stressons. Chez les moines, il n'y a pas de division entre la pratique et la vie. Ce livre propose de créer une pratique au quotidien, présente et constante.

Même si nous n'avons pas huit heures par jour à consacrer à la pratique, nous pouvons malgré tout nous engager sur la voie du souffle au quotidien. La consistance et la répétition feront la différence.

La respiration, c'est comme se brosser les dents. Je ne me brosse pas les dents parce que c'est lundi, je ne me brosse pas les dents parce que c'est la pleine lune, je ne me brosse pas les dents parce que je suis heureux. Seulement, je me brosse les dents tous les jours parce que cela va me permettre d'avoir une bonne hygiène buccale et d'autres bénéfices encore. Pour Chris Tai Melodista, créateur de la méthode Ethos Flow, la respiration, le mouvement et la visualisation constituent le triptyque de l'hygiène de l'esprit, la douche mentale. C'est pour cette raison que la question du stress revêt une importance particulière dans l'Ethos Flow.

*Timothy Mirthil*: Le stress est le mal du siècle. Aucun d'entre nous n'y échappe. Difficultés à respirer, tensions musculaires, insomnies, chacun ressent ces symptômes, mais ce n'est pas si simple de mettre des mots dessus. Quelle est l'approche du stress que vous avez développée avec Ethos Flow ?

*Chris Tai Melodista*: Le stress est lié au manque de contrôle. Il résulte d'une inadéquation à résoudre une problématique, à s'adapter à une situation inconnue ou à expérimenter quelque chose de non désiré. Et, ça, c'est l'histoire de notre vie. Songez que, au moment où on a pris notre première respiration, quelqu'un a choisi notre nom, notre religion, nos connaissances, nos croyances. Le seul choix que nous ayons fait est un choix spirituel : choisir deux inconnus, nos parents, afin qu'ils prennent soin de nous et nous aident à grandir.

En somme, au moment où nous avons pris notre première respiration, nous nous sommes engagés dans l'inconnu et nous nous sommes imposés au fil des années comme des « *risk takers* », des preneurs de risques. Dès le départ, on s'est engagés dans l'inconnu, en s'engageant dans la vie.

*TM* : Pourrait-on dire qu'on a donc tous été élevés, éduqués par le stress en quelque sorte ?

*CTM* : On peut le dire, oui ; jusqu'au moment où on s'est mis à y penser, à vouloir contrôler les choses avec le cerveau. Mais, ça, personne ne nous l'apprend ! Personne ne nous guide pour apprendre ce qui se passe entre nos deux oreilles ni ce qui se déroule à l'intérieur, c'est-à-dire nos émotions. Résultat, on passe un temps fou à vouloir contrôler ce qui est à l'extérieur de nous. Et c'est là que le stress apparaît. Prenez, par exemple, l'expérience du vieillissement de notre corps. Cette dégénérescence, nous avons tendance à la vivre de façon linéaire : je nais, je vis, je meurs. Mais la vie est circulaire et cyclique. Le jour, la nuit, les semaines, les mois, les saisons. La vie est précisément ce cycle. En revanche, notre manière de l'expérimenter, elle, est linéaire. Soyez attentif à ce cycle et aux compulsions qui y sont associées, que ce soit le sexe, le jeu, la dépendance. Les cycles nous traversent et nous constituent. Le stress naît du fait que nous n'en avons pas conscience.

*TM* : Pouvez-vous développer ?

*CTM* : Le stress naît des désirs qu'on ne peut pas assumer ou réaliser. Cela révèle une évidence flagrante de notre incompétence à vivre notre vie. On a appris à être bons dans notre travail, à être bons dans notre sport, des domaines extérieurs à nous. Or ce qui est important dans la question du stress, ce n'est pas ce qui est à l'extérieur, mais ce qui est à l'intérieur de nous.

*TM*: D'accord mais, si je vous suis bien, alors il s'agit de se préoccuper de « l'intérieur de nous-mêmes ». Comment faire, par où commencer ?

*CTM*: La pratique et seulement la pratique. Ici, nous parlons de respiration, de mouvement et de méditation ou de pleine conscience. Lorsque je m'exerce, je ne le fais pas pour être meilleur dans ma pratique mais pour être meilleur dans ma vie ! Qui, quand et comment nous a-t-on appris à être bons dans la vie ? En réalité, presque personne, rarement et d'aucune manière.

Le secret pour nous préoccuper de l'intérieur de nous-mêmes est d'apprendre à être à l'aise dans l'inconfort depuis l'intérieur. On entend souvent qu'il faut « sortir de sa zone de confort » pour apprendre à se connaître. En réalité, il s'agit de rester dedans et de l'agrandir, d'aller chercher des choses inconfortables et dérangeantes pour les intégrer et être à l'aise avec elles. Cela s'appelle l'intéroception, qui est la capacité à évaluer de manière exacte son activité physiologique ou ses états internes.

Quand vous parvenez à gérer un inconfort psychologique ou physique, ce qui nous arrive ensuite de l'extérieur, que l'on pourrait nommer l'agent stressant, devient beaucoup plus facile à gérer. Ce qui est endogène, de l'intérieur, quand il est contrôlé, rend plus abordable le stress extérieur. Un exemple ? Le froid. L'exposition aux bains glacés nous apprend à gérer ce stress généré par le froid. Si vous parvenez à rester calme sous la pression intense du froid, alors non seulement vous vous habituez au froid mais vous apprenez à le trouver confortable. Et cela est rendu possible grâce aux techniques de respiration. Ce principe s'applique à toutes choses.

*TM* : S'habituer au stress est-il en lien avec le principe de résilience, c'est-à-dire la capacité à surmonter les chocs traumatiques, rendu populaire par le psychiatre et psychanaliste Boris Cyrulnik ?

*CTM* : Au concept de résilience, nous préférons celui d'« antifragilité » proposé par l'auteur Nassim Nicholas Taleb. Selon lui, le vivant en général se développe d'autant mieux qu'il est confronté à des facteurs de désordre, de volatilité ou à tout ce qui peut le troubler. De même que le corps humain se renforce à mesure qu'il est soumis au stress et à l'effort, il existe une faculté à non seulement tirer profit du chaos, mais aussi à en avoir besoin pour devenir meilleur. La résilience est nécessaire quand je suis un enfant mais, à trop être résilient, je finis par rester dans une situation toxique. Puis je grandis et j'apprends à prendre sur moi, à être résilient, à résister à cette situation. Dans ce cas de figure, j'ai trouvé mes réponses, mais j'ai aussi appris à prendre plus que ce qui est nécessaire. Inconsciemment, je finis par baisser mon standard. Donc, la résilience est nécessaire, bien sûr. Mais utiliser cette résilience en tant qu'adulte et rester dans des situations inconfortables, dans des relations toxiques, n'est pas apprendre à choisir. Tandis qu'avec l'antifragilité j'apprends à grandir depuis l'intérieur. Par exemple, quand je commence à aller à la salle de sport et que je me lance sur un tapis de course, je ne commence pas à courir à 10 km/h pendant une heure. Je privilégie une approche mesurée en augmentant l'intensité petit à petit pour agrandir ma zone de confort. Je vais augmenter ma vitesse et diminuer mon temps, jusqu'au moment où je vais pouvoir grandir à partir de ça. Voilà l'antifragilité.

*TM* : Je résume. Pour bien vivre son stress, il est donc nécessaire de créer volontairement un stress endogène, depuis l'intérieur, afin de développer une plus grande tolérance au stress exogène, c'est-à-dire extérieur ?

*CTM* : C'est exactement ça. Dans ma pratique, en plus des bains froids, j'ai développé les massages cosaques avec des bâtons, les exercices de musculation isométriques, le travail d'apnée et tout ce qui va faire travailler le mental et la relaxation sous haute intensité. Cette tension, cette douleur va être générée par nous-mêmes, pour nous-mêmes, et elle est modulable. C'est l'inverse d'une situation où quelqu'un nous fait du mal et où on n'a aucun contrôle. Là, nous cherchons à passer d'une situation passive à une situation proactive.

*TM* : En plus du stress, on aborde, avec cette approche, la délicate question des pensées et des émotions. Je me demande comment devenir « actif » par rapport aux pensées et aux émotions.

*CTM* : La neuroscience prétend que la majorité des pensées et des émotions ressenties à un instant T seraient recyclées du jour d'avant. Cela laisse très peu de marge pour générer une pensée nouvelle ou pour créer des habitudes nouvelles. Or, on peut créer ce changement en instaurant des pratiques inédites. Là s'ouvre un nouveau champ d'action, un nouveau caractère.

La scientifique américaine Jill Botle Taylor estime qu'une émotion a une durée de vie de quatre-vingt-dix secondes. Cela explique que les enfants, qui n'ont pas encore leur carte du monde complètement établie, peuvent passer par un panel d'émotions tout à fait contraires en moins de cinq minutes. Ils ne s'attachent pas à une émotion, ils ne figent pas leurs sensations. De la joie à la colère, en passant par la tristesse et l'exaltation, tout leur est permis. Nous, adultes, si nous faisons cela, on nous qualifie d'hystériques, de schizophrènes, de « bipolaires ». Donc, on apprend à ne plus vivre nos émotions de façon si intense dans un temps si court. En revanche, on fixe des émotions sur des durées très longues. Nous bénéficions d'une collection de souvenirs, d'une mémoire des émotions. Dès lors, une émotion ressentie va s'attacher à un souvenir triste ou joyeux. Et, à partir de là, on va prolonger ce souvenir au-delà de quatre-vingt-dix secondes et le répéter jusqu'au moment où la situation extérieure va changer cette émotion. Pire, on va attacher notre identité à cette émotion. C'est le plus grand obstacle à la transformation.

*TM* : C'est séduisant, ce chemin vers la transformation mais, en réalité, le stress semble présent dans tous les aspects du quotidien, omniprésent en quelque sorte. En fait, c'est notre mode de vie même qui est stressant.

*CTM* : Notre vie n'a jamais été aussi stressante. On est tout le temps stimulés, avec la sensation qu'on doit se battre et survivre en permanence. Je pense aux réseaux sociaux qui nous incitent à la comparaison et où nous cherchons à masquer la réalité, à créer une dichotomie entre ce que nous cherchons à montrer de nous et ce que nous sommes vraiment. Notre société cherche plus à cacher qu'à révéler, à montrer ce qui est sur scène plutôt que ce qui est dans les coulisses. L'approbation extérieure constitue l'un des piliers de notre société. Avec Ethos Flow, on va éplucher les couches de l'oignon pour arriver à savoir qui je suis, comment je souhaite me présenter au monde. Cette question est essentielle : comment je souhaite me présenter au monde ? Quels sont mon caractère, mon ethos et ma philosophie ? Est-ce que je suis congruent avec ce que je crée dans ma vie et ce que je vis dans ma vie ? Si je juge ma vie médiocre, c'est-à-dire moyenne, est-ce que je peux faire le choix de changer mon caractère et ma philosophie ?

*TM* : Je pense que nous sommes nombreux à faire ce constat d'une vie moyenne qui balance entre désirs et responsabilités, fantasmes et obligations.

*CTM* : La tendance est plutôt de ne pas prendre de risques pour ne pas saisir la chance d'être bon dans quelque chose qu'on aime. Si je prends le risque d'être bon dans ce que j'aime, je prends aussi le risque d'être jugé en tant que personne.

Cela explique que la plupart des gens assument un boulot qu'ils n'aiment pas. Et puis d'autres peuvent être très bons dans quelque chose qu'ils n'aiment pas, sans prendre la chance d'être bons dans quelque chose qu'ils pourraient aimer. Comment rompre l'engrenage du devoir qu'on ressent de rentrer dans le moule ? Ce moule est générateur de stress.

*TM* : Découvrir ce en quoi on est bons est un chemin en soi. Ensuite, il s'agit de l'assumer.

*CTM* : Oui, et on se dit alors : « Je ne suis pas assez. » Certains nomment cela le « syndrome de l'imposteur », qui est ce besoin constant d'obtenir des signes extérieurs de reconnaissance. Est-ce que l'on peut avancer sur le chemin de la quête de soi avec ce syndrome ? Oui, car il faut bien nous accepter avec ces multiples facettes. Nous disposons néanmoins de multiples atouts. À nous de comprendre comment les utiliser. De comprendre ce qui nous fait défaut et de les transformer en avantages.

*TM* : En tant que moine moderne mais aussi coach, quels conseils donneriez-vous pour ne plus vivre le mauvais stress ?

*CTM* : Souvent, quand nous nous engageons dans la pratique de la respiration, de la découverte de soi, nous développons une dimension spirituelle mais, dans le même temps, nous créons une dissociation entre la pratique et la vie. Pour les moines, il n'y a pas de compartiments entre leur pratique et leur vie. Leur vie est aussi leur pratique. Nous qui avons beaucoup de préoccupations liées au quotidien, nous opérons des séparations entre ce quotidien et la pratique. Mais, en fin de compte, la pratique doit faire partie intégrante de la vie. C'est souvent le cas des religions, ritualisées, englobantes. La prière, les rituels répétés vont souvent créer des habitudes, des ancrages puissants parce qu'ils sont répétitifs, avec une implication sur le corps. Si, en plus, j'ai un ancrage somatique qui me fait me prosterner, bouger mon corps, répéter les choses, je sors du cognitif; l'ancrage est alors très puissant. On retrouve cette même mécanique pour les militaires que l'on fait courir en chantant ou marcher jusqu'à l'épuisement. Ces outils peuvent être utilisés de différentes manières. Ce que l'on peut retenir, c'est qu'on ne peut pas combattre une pensée avec une pensée. On le peut, en revanche, par le corps. C'est grâce à lui qu'on peut transformer ou modifier ses pensées.

Et, donc, pour devenir un moine dans ce monde moderne, il s'agit d'être un moine actif, acteur de son propre corps.

*TM* : Sans le stress, qu'est-ce qui nous reste pour faire face ?

*CTM* : La spiritualité de la pratique du souffle. L'origine du mot spiritualité renvoie au mot esprit, et sa racine latine *spiro* veut dire le « souffle ». Donc, l'essence de la spiritualité est le souffle. En pratiquant la respiration, j'accède alors à une spiritualité que je suis le seul à expérimenter. Et on est nés avec une inspiration, son premier souffle, et on repartira avec une expiration, son dernier souffle. Voilà la seule expérience humaine dont nous sommes certains. Il s'agit donc de nous souvenir que nous ne sommes que des hommes et que l'expérience humaine commence par la conscience du souffle. «*Ego tantum homo*», «je ne suis qu'un homme», dit le proverbe latin.

Un homme qui pratique la respiration dans sa vie quotidienne devient un humain spirituel. Au quotidien, je respire les gens à l'intérieur d'eux. Je les respire à l'intérieur de moi-même. Je respire pour donner du souffle aux gens.

Dans le bouddhisme, on dit qu'il y a mille chemins pour arriver à l'illumination. Le nôtre, c'est la pratique du souffle qui permet d'accéder à un état de contentement et d'équilibre dans les moments du quotidien.

*TM* : C'est cela, l'Ethos, qui signifie l'habitude, le caractère ?

*CTM* : La respiration, c'est la douche du corps intérieur, c'est la brosse à dents de l'esprit. La respiration est toujours identique, elle a lieu tous les jours. On peut la pratiquer durant des moments sanctuarisés ou en marchant, en réunion ou avec ses enfants. C'est une habitude qui forge un caractère.

Le but de la pratique, c'est d'avoir conscience qu'on a le privilège chaque matin de se réveiller un jour de plus. Vous souvenez-vous du «*carpe diem*» qui signifie «cueillir le jour» ? C'est cela, la pratique, c'est cueillir le jour. Est-ce que, quand vous allez vous coucher, vous pouvez vous dire : «Aujourd'hui, j'ai fait au mieux avec ce que je suis et ce que j'ai» ? Et, quand on arrive à appliquer des petites pratiques le matin comme prendre six respirations complètes, profondes pour se donner la bienvenue et donner la bienvenue au monde, la journée change déjà. C'est la précouche. Elle prépare aux autres couches de la journée que la réalité va nous imposer.

Au lieu de laisser la vie dessiner notre journée, on va choisir la façon dont on veut s'engager avec cette journée. Avec ça, je génère déjà moins de stress, car je prends en charge ce qui se passe à l'intérieur de moi.

J'aime parler de béatitude ou de félicité, le « *bliss* » en anglais. Alors, peut-on être dans un état de *bliss* constant ? Il y a des gens qui y parviennent. Je ne pense pas que cela soit mon cas et ce ne sera sans doute pas celui des lecteurs, mais, avec la pratique, on s'en approche un petit peu plus chaque jour. On s'approche du contentement et de l'équilibre.

Dans la ville de Genève, il y a un gong, et ce gong résonnera un jour sur la planète si, pendant vingt-quatre heures, il n'y a pas de guerre. Ce gong n'a jamais sonné. Est-ce qu'il a déjà sonné pour vous ? Peut-être que si, un jour, on arrive à être en paix complètement avec soi-même pendant vingt-quatre heures, on pourra prolonger quarante-huit heures puis soixante-douze heures, etc. Mais rien que de pouvoir être en paix pendant six respirations et retourner avec le présent est puissant. Pendant la journée, je mets une alarme toutes les heures pour prendre six respirations de pleine conscience et, alors, je pose – pause – le monde, j'arrête d'être dans l'urgence et je peux reprendre possession de ce moment. Puisque tout va trop vite dans cette vie, avec cette technologie qui nous inflige une dynamique compulsive de l'urgence, à nous de créer une harmonie avec notre propre biorythme.

Se reposer, prendre le temps devient presque quelque chose de honteux. Même quand on part en vacances, même quand on ne fait rien, on doit faire des choses. Regardez les animaux de compagnie. Les chats et les chiens ne regardent pas leur Instagram quand ils se reposent. Pour eux, le repos, c'est le repos.

Et, à leur image, chez Ethos Flow, les deux valeurs ou devises essentielles sont : notre énergie et notre temps. Soit on les dépense, soit on les investit. Comment je souhaite investir cette énergie, comment je souhaite investir mon temps ? Plus je vais gérer ça et plus je vais être autonome et ne pas suivre ce diktat de l'urgence. Moins le stress aura une influence sur moi.

*TM* : Cela ressemble au fameux « lâcher-prise », qui est très à la mode actuellement. Que s'agit-il de lâcher précisément ?

*CTM* : Lâcher prise, c'est apprendre, désapprendre, réapprendre. Comment je sais que mes croyances m'appartiennent ? Rappelez-vous, je suis né en cinq minutes. Quelqu'un a choisi mon nom, ma religion, ma nationalité et mes croyances, et je vais défendre bec et ongles cette identité sans savoir si elle est utile pour moi, si elle m'appartient réellement ou si je suis simplement en train de la reproduire. Donc, il y a cette identité, OK. Et il y a nos déterminismes, notre génétique, notre épigénétique, notre mémoire cellulaire, notre classe sociale, notre relation affective avec nos parents.

Personnellement, mon identité est complexe. Je suis juif du côté paternel avec une famille persécutée pendant la Seconde Guerre mondiale et vietnamien du côté maternel avec le vécu traumatique des guerres du Viêtnam.

*TM* : En voilà un héritage !

*CTM* : Oui, c'est un héritage assez lourd qui implique un paquet de croyances. Et, pour compléter, je suis né dans un quartier du nord de Paris, avec d'importantes communautés issues de l'immigration et forcées de vivre ensemble. Nous étions seulement trois Asiatiques et on subissait pas mal de pression.

J'ai donc appris cette identité, puis désappris pour réapprendre et faire mes propres choix. J'ai dû adopter certains comportements utiles puis les abandonner. « Lâcher prise », c'est précisément ne pas scléroser son identité. On parle, dans Ethos Flow, de « *human sofware upgrade* », c'est-à-dire de l'amélioration de son système d'exploitation. C'est cela, lâcher prise, créer une mise à jour de la manière dont on fonctionne.

Gardez ce qui est utile et lâchez ce qui ne l'est pas. À chacun de sortir de la logique scolaire qui consiste à apprendre, apprendre et passer des tests pour valider ses apprentissages. À chacun de sortir de l'unique logique théorique au bout de laquelle restent la sanction ou la récompense. On a le droit de dire : « Je sais, ou je ne sais pas, ça n'a aucune importance et je m'en fous. »

*TM* : Là encore, c'est tentant de dire « je m'en fous », mais je vois d'ici les efforts à fournir pour y parvenir. C'est vertigineux.

*CTM* : Oui, c'est très difficile puisque le cerveau veut toujours trouver une réponse. Quand tu ne sais pas, tu as tendance à te dire : « Suis-je un crétin ? » Chacun a des millions de références comparatives pour se dire que les autres sont meilleurs que soi, des milliers de souvenirs du passé pour chercher à résoudre quelque chose qui se présente à soi. Mais non ! Je ne suis pas le problème, car je suis, toujours, la solution. À l'école, on te dit « tu as un problème, trouve la solution », mais on pourrait dire « il y a un problème, tu es la solution ».

C'est en partie pour cette raison que les gens se spécialisent et prennent le moins de risques possible. S'ils sont bons dans leur domaine, ils ne pourront pas se trouver ridicules. Regardez les enfants : ils ne se sentent jamais ridicules quand ils ne savent pas. Ils apprennent, ils jouent, ils jouent en apprenant et apprennent en jouant.

En tant qu'adulte, il devient parfois difficile de sortir de son espace rassurant et d'expérimenter librement, car on s'impose l'exigence d'« être bon ». Ainsi se perd la curiosité d'apprendre. Or, la curiosité nous aide dans le processus de gestion du stress.

*TM* : Oui, revenons-en au stress. Il y a beaucoup de gens aussi qui sont attachés au stress, comme une identité, voire une valorisation. Ils sont débordés de boulot et ça nourrit leur importance, peut-être leur ego. Et si c'était le paravent à autre chose ?

*CTM* : Quand je vais mourir, les heures que j'aurai passé au bureau à travailler, ce n'est pas ce dont je vais me souvenir dans ma vie. Je me souviendrai en revanche de la fois où j'ai accompagné la transhumance de vaches avec des cowboys de l'Utah, de mes plongées sous-marines ou des temps forts avec ma fille. Alors, pourquoi culpabiliser sur le fait de vivre sa vie ? Il est préférable de vivre ses rêves que de rêver sa vie. Selon moi, c'est vraiment important de savoir à qui appartient cette vie. Si elle appartient à une communauté, à une masse, alors, moi, je suis un produit, je suis le pion de cette masse. Vivez vos rêves ! Désengagez-vous des devoirs avec lesquels vous n'êtes pas en accord.

Cela revient à savoir qui je suis, comment je souhaite me présenter au monde, puisque, ça, la vie, va s'arrêter un jour ; et personne ne sait quand. Alors, les regrets, les choses inachevées, au moment où la mort va frapper à notre porte, vont résonner très fort. Et on ne va pas lui dire à la mort : « Reviens dans vingt-quatre heures ou dans trois ans, j'ai des rêves à réaliser. » Les trois ans, on les a eus. Que l'on vive vingt, soixante ou cent vingt ans, ça sera toujours plus court que l'éternité qui nous attend. Alors, la productivité, la culpabilité de toujours être dans l'action ne servent plus à grand-chose.

*TM* : Oui, nous avons perdu cette capacité à prendre le temps, nous nous sommes éloignés de cette richesse. D'ailleurs, est-ce que le rythme de notre vie est bien en harmonie avec notre horloge intérieure ?

*CTM* : Non. Notre mode de vie est en décalage avec notre cycle circadien, c'est-à-dire notre sommeil, nos temps de réveil et de repos. Et c'est pour ça que le stress est très présent.

De plus, ce qui nous entoure est en deux dimensions. Tout est plat et figé. Notre corps et nos yeux perdent en mobilité avec les écrans. C'est pour ça que c'est important de se remettre en mouvement et de travailler notre vision périphérique. Dans un bureau, on ne peut pas travailler la relaxation des yeux. Ainsi, on ne sollicite pas notre système nerveux parasympathique. Au contraire, en restant huit heures devant un écran, on active le système nerveux sympathique qui est la réponse active du corps, le fameux courir ou combattre qu'impose le stress. Ajoutez à cela l'urgence du travail, les rendez-vous, la gestion de la famille… Et puis on passe deux heures à la salle de sport à drainer encore un peu plus son corps pour se décharger mentalement. Voilà une soupape qui ne résout pas le problème profond. Ne faites rien, ne soyez rien, ne serait-ce que dix minutes par jour.

*TM* : Vous évoquez souvent quatre nécessités sans lesquelles aucun être humain ne peut vivre heureux.

*CTM* : Oui, et avant de les énumérer, je précise que ces quatre nécessités ne sont rien sans la qualité. Il y a, en premier lieu, l'air, l'eau et la nourriture. Les Chinois disent que la première médecine, c'est ce qu'on mange. Se nourrir d'un bon air, boire une bonne eau et manger de bons aliments vous garantit déjà une bonne santé.

Deuxièmement vient le sommeil. Sans un bon sommeil, pas de vitalité.

Dans le *Guinness Book*, l'un des records interdits est celui des nuits blanches. Privés de cette nécessité, les concurrents risqueraient la crise cardiaque. À nous de trouver le rythme de sommeil qui nous convient, ce que l'on appelle la chronobiologie. La chronobiologie correspond à l'étude des rythmes biologiques dans l'organisme. Les spécialistes ont découvert de nombreux mécanismes de régulation des horloges internes et évaluent l'impact majeur de son dérèglement sur la santé. Toutes les fonctions de l'organisme sont soumises au rythme circadien, un cycle de vingt-quatre heures. Des troubles dans ce rythme peuvent avoir des conséquences aussi bien sur le sommeil que sur le métabolisme et sur le fonctionnement des systèmes cardio-vasculaire et immunitaire.

Un test, mis au point par le Dr Michael Breus et extrait de son ouvrage *Quand ? Faites votre révolution chronobiologique*, prétend que, si vous écoutez votre horloge interne, votre vie s'améliorera. Il propose le bestiaire suivant : l'ours pour les personnes adaptables, le lion pour le lève-tôt, le loup pour le couche-tard et le dauphin pour les « petits dormeurs ».

Dans cet ouvrage, il évoque le cas d'une patiente menacée de licenciement par son employeur à cause de sa lenteur. Fatiguée le matin, elle ne parvenait pas à remplir ses tâches. L'auteur lui a conseillé de changer ses horaires de travail, de venir plus tard et de repartir plus tard. Sa productivité a considérablement changé et elle a conservé son emploi avec les félicitations de sa hiérarchie. Découvrez et respectez votre chronobiologie et peut-être que vous deviendrez moins stressé. Le télétravail pourrait faciliter cela.

*TM* : Encore faut-il pouvoir le faire. L'école des enfants, les horaires de travail imposés ne le permettent pas toujours.

*CTM* : En effet. Cela permet tout de même de savoir où on en est et de comprendre où le stress prend sa source. Maintenant, il y a le troisième besoin fondamental. Il s'agit de l'affection. Je parle ici de la qualité de la relation que vous avez aux autres. Nos secrets créent de la distance. Notre orgueil aussi crée de la distance avec les autres, et surtout avec soi-même. Si la qualité de ma relation avec moi-même n'est pas bonne, alors que peut-il en être avec ma femme, mes compagnons et mes enfants ? Je ne m'aime pas et je génère des addictions, comme le travail, l'alcool, le jeu, la pornographie ou le shopping. Une somme de compulsions pour décharger le trop-plein de stress. Sur ce terreau se développent les secrets et les mensonges, l'art de ne pas révéler, de créer de la distance avec soi-même et surtout notre entourage. Sans affection, bienveillance et écoute, il manque un besoin fondamental, qui est l'intelligence du cœur. Sur ce manque prospère le stress.

*TM* : S'aimer soi-même et aimer nos proches, en somme ! Et quel est le quatrième besoin ?

*CTM* : Il s'agit du mouvement ! La première fonction des neurones chez l'être humain est de s'adapter à des mouvements complexes ; ce n'est pas de développer l'esprit rationnel. Cela vient dans un second temps. J'ai entendu dire un jour :

« L'homme a toujours deux raisons pour faire les choses : la première est rationnelle et l'autre est la vraie raison. »

Le mouvement au quotidien transforme plus sûrement nos existences que les grandes décisions radicales. Il ne s'agit pas de chercher ni forme ni aucun geste spécifique. Il vous suffit d'être spontané et radical. Est-ce qu'un geste peut exprimer une émotion ? Est-ce qu'une grimace peut révéler un état d'être ?

## *Jean-Philippe Ricci, comédien et acteur français*

*« Pour moi, la pratique Ethos Flow a été une véritable révolution. »*

*Aujourd'hui, elle fait partie de ma vie du matin au soir. Ça a fait tomber pas mal de barrières et de frontières sur beaucoup de choses.*
*Je l'associe à la méthode Actors Studio à laquelle j'ai été formé par John Strasberg, le fils de Lee et Paula Strasberg, créateurs de l'Actors Studio. Cette méthode requiert un abandon total vers le personnage incarné et, dans ce contexte, Ethos Flow m'a donné une confiance en moi de malade ! Désormais, quand j'aborde un nouveau rôle, je ressens un certain plaisir à m'abandonner alors que, avant, je projetais trop ma façon de jouer.*
*Ces respirations ont propulsé mon jeu, et la mauvaise peur a disparu au profit de la présence, de l'ouverture. Je m'en sers aussi au jiu-jitsu brésilien (un art martial de lutte),*

*que je pratique régulièrement. Ça me permet de me calmer, de recentrer mon esprit sur l'instant et d'être plus présent pour mon partenaire sur scène ou sur le tatami, comme si j'avais un sens en plus, une confiance extrême, une aura. Grâce à Ethos Flow, je me suis débarrassé du syndrome de l'imposteur et si, désormais, je prépare mes personnages en travaillant le texte, je ne cherche plus à anticiper la façon de jouer. Je suis plus organique et je laisse cette magie opérer.*

# II

# *Le stress du point de vue du coach*

## La marche afghane, la respiration des maîtres

**FLASHEZ LE QR CODE**

La marche afghane, c'est la marche pour les gens pressés qui ne veulent plus être pressés. Elle est aussi utilisée par certains militaires pour les longues marches.

Il suffit de caler son rythme respiratoire sur le rythme de ses pas.

Je peux, pour retrouver du calme par exemple, utiliser le ratio une inspiration pour deux expirations.

Donc : un pas pour une inspiration et deux pas pour deux expirations. Ou :

- inspiration sur trois pas ;
- maintien des poumons pleins sur le quatrième pas ;

- expiration sur trois pas ;
- maintien des poumons vides sur le dernier pas, avant de recommencer un cycle. Avec des variations pour les montées et pour les descentes.

On peut atteindre la maîtrise de cette marche afghane en inspirant sur 5 pas et en expirant sur 5 pas pendant plusieurs cycles. Puis je vais inspirer sur 6 pas et expirer sur 4 pas, pendant plusieurs cycles également. Ensuite, on inspire sur 7 pas et on expire sur 3 pas, puis on inspire sur 8 pas et on expire sur 2 pas. Enfin, on inspire sur 9 pas et on expire sur 1 pas.

Après avoir répété ces cycles, je recommence mais en redescendant (nombre d'inspirations/nombre d'expirations) : 9/1, 8/2, 7/3, 6/4, 5/5.

Ce compte et ce décompte associés à la marche vont générer une certaine euphorie et un focus profond. C'est idéal pour les gens qui veulent ralentir.

## La respiration 2/1

**FLASHEZ LE QR CODE**

Pour réaliser la 2/1, nous faisons deux inspirations courtes et rapides par le nez et une expiration courte par la bouche, comme un soupir. C'est une respiration proposée par le Dr Andrew Huberman. Ce dernier explique que notre système respiratoire provoque un soupir toutes les six à sept minutes. À quoi est-il dû ? Quand on respire, on a des nanoalvéoles qui sont tellement petites que l'oxygène n'arrive pas jusqu'aux petites bronches.

La 2/1 va nous faire soupirer et nous permettre de tirer cet oxygène jusqu'au fond des alvéoles et des petites bronchioles qui s'en emparent. Et avec cette inspiration, je vais tirer encore plus d'oxygène pour pouvoir alimenter les petites alvéoles. À l'expiration, on relâche d'un coup et on maintient le contrôle.

On peut adopter cette respiration pour récupérer après une course à pied, en cas de pic de stress ou pour retourner au calme.

## Le humming

**FLASHEZ LE QR CODE**

Nous allons accentuer l'expiration par le nez en doublant le temps d'expiration par rapport au temps d'inspiration. Si j'inspire en 2 temps, j'expire en 4 temps ; si j'inspire en 5 temps, j'expire en 10 temps. Cela va tonifier le nerf vagal et favoriser l'équilibre comme la détente.

Pour cela, j'ajoute le son « mmmmm », bouche fermée, sur l'expiration. Le son « mmmmmm » augmente la quantité d'oxyde nitrique (NO) dans le système respiratoire (ce qui favorise l'arrivée d'oxyde nitrique). Le NO possède des propriétés antivirales en inhibant le cycle de réplication de certains virus. Il y a plusieurs manières d'augmenter la quantité de NO dans le système respiratoire par des apports diététiques (roquette, betteraves, graines de citrouilles, etc.), des compléments en pastilles, certains suppléments de bodybuilder ou certains médicaments (Viagra, etc.). La manière la plus optimale reste la respiration nasale du « humming ».

Cette respiration nasale est à la fois antivirale, antifongique et antibactérienne.

Et la sensation développée par la lettre « M » est celle du nourrisson, avec la douceur qui y est associée. Dans un grand nombre de langues, le son « M » est associé au mot qui désigne la mère : « Maman, *mum*, *ama*, *ma*, *mutti*... » C'est un son qui va nous remplir de bienveillance et nous protéger corporellement et affectivement.

# III

# *Le stress du point de vue du thérapeute*

Le stress se définit d'abord comme une « tension, une perturbation physique ou psychologique due à des agents agresseurs variés, comme le conflit, le froid ou l'échec ». Le médecin Hans Selye, pionnier dans l'étude du stress, explique qu'il est comme un « ensemble de moyens physiologiques et psychologiques qu'un individu met en œuvre pour s'adapter à un événement précis ».

Le mot stress est donc souvent utilisé pour évoquer quelque chose de négatif :

- Soit il est l'agent provocateur de mauvaises réactions : « Je suis tendu, c'est à cause du stress. »
- Soit il est la réaction en elle-même : « Le stress me fait perdre tous mes moyens. »
- Soit il est le résultat de lui-même : « Ça ne va pas, je suis trop stressé. »

Mais, en réalité, le stress est avant tout un système de protection ou un système de sauvetage, car il nous permet de préserver nos fonctions vitales. Le stress qu'éprouve le nouveau-né à la suite d'un accouchement naturel est par exemple capital dans la formation de son système nerveux puisqu'il permet le déclenchement de la production des neurotransmetteurs nécessaires à sa survie.

Il y a 70 000 ans, chaque individu devait être suffisamment « stressé » pour échapper à l'attaque d'une bête féroce ou de rivaux humains. Mais ce cas restait rare. Or, de nos jours, les sources de stress sont moins « graves », mais elles sont beaucoup plus nombreuses.

Bref, les menaces ont changé et l'augmentation quantitative de stimuli stressants change la donne. Mails, messages, bruits, horaires, contraintes, responsabilités, etc., autant de sources de stress qui, dans le temps, nous débordent.

Imaginons que le corps humain est similaire à une caserne de pompiers.

Dans cette métaphore, le premier appel téléphonique correspond au premier stimulus stressant qui parvient au corps. Il est perçu par un, voire plusieurs systèmes sensoriels. Chez Ethos Flow, nous reconnaissons non pas cinq mais dix sens qui peuvent être des percepteurs de stress :

- L'ouïe : bruit violent, mot, choc, alarme, détonation, etc.
- L'odorat : fumée, gaz, etc.
- La vue : images, scènes choquantes, etc.
- Le goût : dégoûtant, toxique, etc.
- Le toucher : agression physique, etc.

- L'équilibre : perte d'équilibre.
- La proprioception : vertige, déstabilisation, etc.
- Le sens thermique : coup de chaud, courant d'air, etc.
- La nociception : douleur, gêne, sensibilité, tension musculaire, etc.
- Les émotions : colère, peur, tristesse.

Ces stimuli atteignent principalement les aires du cerveau impliquées dans **les émotions** mais aussi dans **la coordination**.

Voilà pourquoi nous travaillons le souffle pour accompagner les émotions et proposons de la respiration en mouvement afin de solliciter une meilleure gestion de son corps.

Revenons à notre caserne : l'amygdale, la partie du cerveau proche de l'hippocampe, serait donc le pompier standardiste. L'amygdale est indispensable pour notre capacité à ressentir et à percevoir les émotions.

Puis elle va référer de son ressenti à son supérieur, l'hippocampe, qui, lui, participe à la régulation de l'humeur, à l'acquisition des connaissances et, plus globalement, à l'adaptation à l'environnement. Ces informations sont alors envoyées au centre de prise des décisions : le cortex préfrontal, la clé de voûte de notre sang-froid. C'est le cas de le dire puisque la respiration nasale lente participe au refroidissement de la zone frontale et préfrontale par les sinus frontaux.

Donc, une fois le standard alerté, le centre des opérations informé, il s'agit de sonner l'alarme. Et quand l'alarme sonne, c'est toute la caserne qui s'active !

Une brigade de neurotransmetteurs est alors envoyée ainsi qu'une escadrille d'hormones.

Du côté des neurotransmetteurs, on enverra :
- Le **neurotransmetteur GABA** (acide gamma-aminobutyrique) qui régule l'anxiété en diminuant l'activité des neurones sur lesquels il se fixe. Il est le principal neurotransmetteur inhibiteur du système nerveux. C'est d'ailleurs sur les récepteurs au GABA qu'agissent l'alcool ainsi que certains médicaments modulateur ;
- La **sérotonine** qui régule la température, le sommeil, l'humeur, l'appétit et la douleur ;
- Le **glutamate**, un stimulant associé à la mémoire ;
- La **noradrénaline**, active sur l'attention, les émotions, le rêve, le sommeil et l'apprentissage ;
- L'**acétylcholine**, impliquée dans l'éveil, l'attention, la colère, l'agression, la sexualité et la soif. Elle déclenche la contraction musculaire et stimule la sécrétion d'hormones ;
- La **dopamine**, impliquée dans le contrôle du mouvement et de la posture, régulant aussi l'humeur.

Du côté des hormones, on enverra :
- La **noradrénaline** (ou norépinéphrine) joue un rôle d'hormone adrénergique et de neurotransmetteur. Elle est proche de l'adrénaline, autre neurotransmetteur du système nerveux sympathique, et a des effets différents selon les récepteurs qui la captent.
- Le **cortisol**, sécrété par les glandes surrénales, qui régule la tension artérielle, les fonctions cardiaques et immunitaires et fournit au cerveau l'énergie suffisante pour le préparer face au stress ;

- L'**adrénocorticotrophine** (**ACTH**) est sécrétée par l'hypophyse, elle-même active sous l'influence d'une hormone libérée par l'hypothalamus. L'ACTH circule alors dans le sang et provoque la libération de cortisol au niveau des glandes surrénales ;
- L'**ocytocine**, hormone du lien social et de l'attachement, régulateur de l'anxiété, est produite principalement par l'hypothalamus (elle y joue aussi un rôle de neurotransmetteur) et passe dans le sang au niveau de l'hypophyse pour être distribuée vers les organes ;
- La **vasopressine**, hormone antidiurétique, augmente la perméabilité à l'eau et diminue donc le volume des urines, régule la pression sanguine en tant que vasoconstricteur et joue un rôle dans l'anxiété.

Neurotransmetteurs et hormones sont donc les équipes de terrain, les soldats du feu capables d'enclencher les processus énergétiques de sauvetage en réponse à l'incendie, ici l'événement stressant.

À SAVOIR

## COMMENT NOTRE CORPS RESPIRE

On commence par respirer par :

Les voies supérieures que sont :
Le nez et/ou la bouche ;
Le pharynx ;
Le larynx ;
La trachée.

Puis suivent les voies respiratoires inférieures :
Les bronches pulmonaires ;
Les bronchioles ;
Les alvéoles.

Toutes les zones supérieures jusqu'aux bronchioles sont des zones de conduction de l'air. À partir des alvéoles, on a la zone d'échange des gaz de la respiration qui sont principalement l'$O_2$ et le $CO_2$. Les deux gaz principalement présents dans l'air sont le diazote, qui représente près de 80 % de sa composition, et le dioxygène, qui représente 20 %. Ensuite, on trouve du dioxyde de carbone, de l'hélium, de l'argon, etc.

À chaque respiration normale, c'est-à-dire sans effort et sans stress quelconque, on inspire en moyenne 500 ml d'air ; 350 ml vont être utilisés pour les échanges gazeux et les 150 ml restants seront compris dans ce que l'on appelle les espaces morts, car ne participant pas aux échanges gazeux.

On peut comprendre alors que, si on augmente les volumes respiratoires, les espaces morts ne changeant pas, on va augmenter le ratio d'oxygénation du corps et diminuer le $CO_2$ sanguin.

À SAVOIR

Pour les mécanismes respiratoires :
L'inspiration est active avec le muscle diaphragmatique principalement et les autres muscles (*cf.* l'encadré sur les muscles de la respiration, p. 80). L'expiration est le plus souvent passive à part dans les situations et exercices spécifiques.

**Question de volume**

Lorsque l'on fait une exploration fonctionnelle respiratoire (EFR), on mesure l'expiration maximale par seconde qui correspond au volume que l'on peut expirer en force. Ce volume devient intéressant lorsqu'il est rapporté à la capacité vitale. La capacité vitale comprend le volume de respiration de base (environ 500 ml) et les volumes de réserve, c'est-à-dire les volumes que l'on va aller pousser à l'inspiration et à l'expiration.

Capacité vitale = volume courant + volume inspiratoire de réserve + volume expiratoire de réserve

Quand on fait le ratio entre le volume d'expiration maximal et la capacité vitale, cela permet d'estimer l'état de santé des poumons. Quand il est supérieur à 80 %, on estime que les poumons sont en bonne santé.

Volume d'expiration maximal/capacité vitale supérieure à 80 % = bonne santé pulmonaire

La surface d'échange alvéolaire qui permet les échanges gazeux correspond à une surface de 70 à 120 mètres carrés selon l'effort, l'entraînement et le développement de chacun.

> L'augmentation des échanges gazeux est en relation avec les efforts, d'où l'intérêt d'effectuer le travail respiratoire en mouvement, voire en effort intense.

Dans tous les cas, le centre de contrôle des brigades hormonales et neurovégétatives qu'est l'**hypothalamus** mobilise la voie **sympathique** ou orthosympathique du **système nerveux autonome.** La voie sympathique est **l'accélérateur des opérations**. C'est celle qui va activer toutes les fonctions autonomes, comme la respiration, les battements cardiaques, la contraction des muscles lisses, la vasoconstriction circulatoire, etc. (sauf la digestion). Elle enclenche la production des hormones du stress via les glandes surrénales, puis sollicite l'axe hypothalamus-hypophyse-corticosurrénales pour produire du cortisol.

À ce moment c'est l'alerte générale. La caserne centrale de l'organisme déclenche une véritable tempête hormonale. Toutes les forces mentales et physiques sont mobilisées par l'adrénaline libérée.

- Augmentation du rythme cardiaque et du flux sanguin ;
- Redistribution des fluides vers le cerveau et les muscles ;
- Tension musculaire ;
- Activation de la production de cortisol pour libérer le glucose du foie et fournir l'énergie nécessaire au cerveau et aux muscles.

Il existe donc un bon et un mauvais stress. Par exemple, un stress aigu peut être une alerte suffisante pour que le corps comprenne un danger. Tandis qu'un stress chronique, répété dans le temps et sans pause, sera, quant à lui, affaiblissant, donc nocif.

Il existe aussi une différence entre le stress exogène et le stress endogène. L'exogène est celui qui est déclenché par un facteur extérieur et qui ne dépend pas de la volonté du stressé. Le stress endogène, lui, va être déclenché volontairement pour entraîner l'organisme vers une meilleure adaptation à la situation vécue.

Le stress endogène correspond aux exercices d'entraînement de la caserne des pompiers afin qu'elle soit prête en cas d'urgence ; le stress exogène correspond à l'attaque qui surprend une caserne trop peu préparée. Pompiers préparés contre pompiers pantouflards ne donne pas le même résultat. Nous aimons répéter qu'« il vaut mieux être un combattant dans un jardin qu'un jardinier sur un champ de bataille ».

Alors, comment augmenter ses capacités de résistance ? Il existe une loi appelée loi de l'hormèse. L'hormèse est une réponse de stimulation des défenses biologiques, généralement favorable, à des expositions de faibles doses de toxines ou d'autres agents ou phénomènes générateurs de stress.

Autrement dit, lorsque l'on soumet l'organisme dans les limites de ses capacités, le corps humain développe des compétences lui permettant de stimuler son « antifragilité », selon le terme de l'auteur de Nassim Nicholas Taleb.

Il existe quatre façons accessibles de stimuler son hormèse :

- Le jeûne (intermittent, accompagné, etc.) ;
- L'exposition à des températures extrêmes (sauna, douche froide, bain glacé, etc.) ;
- L'effort physique à haute intensité (HIIT, fractionné, etc.) ;
- Les exercices respiratoires (apnée, superventilation, hypoventilation, hyperventilation, etc.).

Il est important de comprendre que le phénomène d'hormèse est sollicité à partir du moment où l'on pousse, même légèrement, les limites du cadre de son confort. Le but étant non pas de sortir de, mais d'agrandir sa zone de confort. Il ne sert alors à rien de se mettre dans des situations intenses trop brusquement. Cela aurait des effets contre-productifs, voire nocifs.

Il s'agit plutôt d'expérimenter ce que le corps est capable de gérer à un instant T en se mettant dans une situation extraordinaire. Les capacités peuvent varier selon les jours. Le niveau du défi étant moins important que la régularité et la fréquence, ces expériences nous permettent de connaître notre état de forme et d'énergie au jour le jour. Le but est d'instaurer une habitude afin de mieux gérer l'inconfort par la suite.

Par exemple, lorsque l'on commence à courir, on comprend rapidement que, pour progresser, il est indispensable d'augmenter la distance et/ou l'intensité et/ou la durée et/ou la fréquence des entraînements. Il en est de même pour toutes les capacités du corps. Et, comme pour la course, on ne débute pas par de l'ultratrail dès la première journée d'entraînement. J'aime dire que « notre bonne santé dépend moins de l'augmentation de ses performances que de l'augmentation de la connaissance de ses capacités ».

Ces quatre accès à la loi d'hormèse ont un point commun : expérimenter son fonctionnement intérieur. L'importance de la respiration et du mouvement dans toutes ces situations prend tout son sens puisque c'est la seule fonction physiologique à connaître une double innervation, à la fois automatique et volontaire.

## Dikom, entrepreneur et startupper

« Cette expérience m'a aidé à réaliser que la vie ne concerne pas uniquement le travail. »

*J'étais en pleine effervescence intérieure quand j'ai décidé d'aller à l'un des week-ends parisiens d'Ethos Flow. Ne sachant pas ce que j'allais trouver, j'ai décidé d'écouter et de rester ouvert à ce qui m'arriverait. Je me sentais bien accueilli, j'avais l'impression d'appartenir à toutes ces personnes qui traversaient certainement des choses différentes dans leur propre vie. Je me sentais en sécurité, je me sentais écouté et je me sentais comme le « vrai moi ».*
*Cette expérience m'a aidé à réaliser que le bonheur devrait être quotidien, car mon choix est de trouver le bonheur en moi-même. J'ai aussi réalisé que fuir ne servirait à rien. Faire face à mes propres défauts et choisir de vraiment les corriger est la clé pour vivre une vie plus alignée et réelle.*
*Cette expérience m'a aidé à réaliser que la vie ne concerne pas uniquement le travail, le monde des startup, la mise à l'échelle d'une entreprise ou le fait de gagner des millions. Et si nous n'avions pas tout cela ? Sommes-nous encore un être humain digne de savoir ?*
*Cette expérience serait parfaite pour les travailleurs des startup afin de les aider à être plus conscients d'eux-mêmes et de les faire revenir à ce qui compte vraiment.*

Physiologiquement, c'est le système nerveux qui nous permet de trouver les solutions face aux stress, et, plus précisément, le système nerveux autonome (SNA) ou système neurovégétatif.

Le SNA régit très efficacement la grande majorité du fonctionnement de notre organisme. Il lui donne des réponses rapides et adaptées aux sollicitations de la vie. Il est également l'outil privilégié de l'organisme dans la réaction aux stress, quels qu'ils soient.

Pour une stimulation stressante qualitativement et quantitativement supportable, le SNA va donner les solutions physiologiques efficaces pour passer l'épreuve du stress.

Le SNA est la partie du système nerveux qui gère de manière autonome les processus métaboliques du corps. Autrement dit, il s'agit du pilote automatique des autres systèmes du corps, à savoir, dans une moindre mesure :

- Le système musculaire (musculo-tendineux) ;
- Le système squelettique.

Et, plus conséquemment :

- Le système circulatoire (cardio-vasculaire) ;
- Le système digestif ;
- Le système urinaire ;
- Le système reproducteur ;
- Le système endocrinien (hormonal) ;
- Le système immunitaire (lymphatique) ;
- Le système tégumentaire (enveloppe externe) ;
- Le système nerveux lui-même (dont le sensoriel) ;

– Et le système respiratoire dont nous allons développer la spécificité plus loin.

Mais, lorsque les sollicitations dépassent le seuil de « supportabilité » (qui varie selon les individus), le SNA peut se retrouver sursollicité ou sidéré. Cela entraîne des conséquences pour notre corps sous forme de symptômes.

Il y a alors conflit entre une situation et la réaction du corps qui la vit, et ce conflit peut s'incorporer du fait de la persistance du stress subi.

J'entends par conflit l'impossibilité de choisir la solution, pour la physiologie dans un premier temps puis pour la personne consciente par la suite, de choisir une voie de sortie, de trouver une solution. Le conflit naît de l'impossibilité du choix de solution, soit parce qu'il n'y en a pas, soit parce qu'il y en a plusieurs mais qui ne sont pas compatibles.

Par exemple, en période de confinement, la situation nous demandait de rester chez soi, ce que nous interprétions rapidement comme ne plus bouger de chez soi. Et cela pouvait paraître raisonnable, mais le corps autonome, viscéral bouillonne, il se sent étouffé.

Il ne faut surtout pas omettre qu'il est très complexe de ne pas se sentir oppressé dans cette situation. La pression est totale : pression virale, responsabilité sociale, pression vitale, pression financière, pression médiatique.

D'un côté, nous supportons cela et, de l'autre, nous n'avons qu'une idée, c'est sortir bouger.

Il n'est pas étonnant de ce fait que les pratiques de sport santé, comme le yoga, le running, etc., aient fleuri à cette période.

À partir de là, il s'agit de développer deux points :

- Il est absolument prétentieux de penser que l'on passe au-dessus de ça.
- Cela dit, il est tout à fait possible d'agrandir sa zone de confort.

1/ Prétentieux, car il ne faut pas oublier que les phénomènes qui régissent nos réactions, plus rapidement que la conscience du raisonnement, sont complètement automatiques et passent par les systèmes neurovégétatif, primitif et limbique. Ces systèmes correspondent à l'instinct de survie et à l'émotivité développée face aux situations de la vie. Ces voies neuronales sont beaucoup plus réactives et réceptives que ne l'est la voie corticale qui, du fait de sa complexité, n'intervient qu'après l'analyse des premiers émois sensationnels.

2/ La bonne nouvelle est que l'on peut quand même agir, peut-être pas directement sur la chaîne réactionnelle précédemment décrite, mais bien sur le degré de « supportabilité » d'une situation de stress. Les divers records sportifs nous le montrent sans cesse en repoussant les limites. Les mesures sur les prouesses de Wim Hof l'attestent.

On ne peut pas changer les événements, mais on peut changer la manière de les vivre.

À SAVOIR

## MAÎTRISER VOTRE NERF VAGUE POUR GÉRER LE STRESS

Le nerf vague est le dixième nerf crânien. Il régule la fréquence cardiaque et les sécrétions digestives. Il a également un rôle moteur sur le voile du palais et le pharynx.

Il couvre l'innervation d'une grande partie du système digestif afin que celui-ci distribue ses messages depuis la bouche et ses glandes salivaires, l'œsophage, l'estomac, le duodénum, l'intestin grêle, les gros intestins ascendants et transverses avec toutes leurs glandes et leurs réseaux sanguins et lymphatiques.

La fin du transit, à partir du côlon descendant, est innervée par des ganglions neuronaux qui proviennent du sacrum.

Le nerf vague est donc directement impliqué dans la gestion du stress.

Les sensations de gorge serrée, de nœud au ventre, d'appétit coupé sont donc liées au nerf vague.

Mieux encore, la gestion des émotions se fait par le nerf vague via le cœur, le cerveau et les intestins. Le système nerveux entérique (SNE) communique avec le système nerveux central (SNC) par le nerf vague. Il est le lien entre les «deux cerveaux».

Dans des conditions de stress extrême, le nerf vague peut aussi être dépassé dans sa gestion

À SAVOIR

et l'innervation sacrée peut alors être défaillante. Il peut donc arriver à un sujet d'uriner, voire de déféquer malgré lui. Il s'agit en fait d'une réaction adaptative primitive qui permet au mammifère de se libérer d'un poids afin d'optimiser sa fuite.

Stimuler notre nerf pourrait donc bien améliorer la qualité de notre vie. Voici quelques stimulations faciles à mettre en place :

- Bouger, danser, étirer, activer.
- Masser, ah ouais, ça fait du bien.
- Chanter, c'est bon pour le moral.
- Gargariser, à chaque brossage de dents.
- Aimer, avoir des relations sociales positives.
- S'exposer au froid par la douche, les bains ; boire de l'eau froide.
- Rire.
- Respirer !

# LA CRÉATIVITÉ

# I
# *La créativité du point de vue du moine*

*TM* : Nous abordons désormais la question de la créativité. J'ai donc une question simple et directe. Pourquoi est-ce que la créativité est importante ?

*CTM* : Avant tout, nous avons besoin d'être libres. Et pour pouvoir répondre à ce besoin, il est nécessaire de créer des cadres. La créativité commence ainsi. J'ai besoin de créer des cadres pour pouvoir m'exprimer, pour évoluer et pour partager. Pas de liberté sans création de cadres. Si vous êtes libre dans un désert, avec tous vos besoins satisfaits, comme le gîte et le couvert, mais sans horizon, sans destination, sans chemin, alors vous êtes libre mais perdu.

*TM* : Seul au monde en quelque sorte, comme dans le film qui porte ce titre, où Tom Hanks interprète un cadre supérieur qui, après un crash aérien, échoue sur une île déserte et tente d'y survivre.

*CTM* : Oui, je cite souvent cet exemple ! Et une séquence très symbolique m'avait marqué. Tom Hanks ouvre un paquet que la mer a ramené sur le littoral. Il y découvre un ballon de volley. Notre Robinson moderne s'en empare et lui dessine alors un visage. Le ballon est baptisé Wilson et l'accompagne alors dans son épreuve. Il devient son confident. Tom Hanks crée ainsi un cadre nouveau pour communiquer, se construire une réalité moins brutale. Dans cette nouvelle relation, Tom Hanks décide alors de savoir ce qu'il est et ce qu'il veut être. Sa créativité lui permet de créer un besoin vital, celui de l'affection et de la communication.

*TM* : Au risque de devenir égocentré, vraiment seul au monde, seul dans son monde ?

*CTM* : « Être plein de soi » ne signifie pas être égocentrique, égoïste ou narcissique. Il s'agit d'être soi, de pénétrer dans la créativité, c'est-à-dire de faire le chemin vers la connaissance de soi.

*TM* : Est-ce une approche accessible pour tout le monde ?

*CTM* : Certainement, car, après tout, nous pouvons tous faire cette expérience charnelle et organique de la créativité. Les grandes civilisations établissent ce contact à travers le sexe. C'est une énergie créatrice, une extase d'énergie féconde. Le tao chinois, le tantra indien, l'expérience des Grecques sur le sexe. En Occident, cette énergie est perdue, par exemple, dans la consommation du porno qui s'en empare et la gaspille.

Pour les hommes, il existe des pratiques sacrées consistant à apprendre la rétention de l'éjaculation lors de l'orgasme. Ainsi, l'homme peut poursuivre cette créativité. Certaines pratiques primales de l'homme sont liées à des pratiques spirituelles et même mystiques. Comprendre cela, c'est pénétrer dans son essence, dans une authenticité oubliée, spirituelle.

Pour accéder à la créativité, il faut aussi une certaine dose de pouvoir. Le pouvoir permet la traction qui donne du corps aux idées et de la voix. Au commencement était le verbe. Et avant le verbe était le souffle, car on ne peut pas dire un mot sans prendre une inspiration. Puis vient le verbe qui matérialise ses pensées et les écrits les figent. C'est pour cela que de nombreuses spiritualités étaient enseignées à l'oral.

*TM* : Pour être créatif, il y a donc l'authenticité, le pouvoir. Et quoi d'autre ?

*CTM* : Après l'authenticité et le pouvoir, il y a la clarté. La clarté est ce qui va nous donner la confiance. Car ce qui mine la créativité est justement le doute. « Le doute tue plus de rêves que l'échec ne le fera jamais », disait justement l'écrivaine Suzy Kassem. Imaginez-vous dans votre salon, toutes lumières éteintes. Sauriez-vous vous déplacer à vitesse rapide dans cet endroit que vous connaissez parfaitement ? Dans ce contexte, seriez-vous en confiance ou dans le doute ? C'est en fait la clarté qui vous donnera confiance. Donc, cette équation

« authenticité, pouvoir, clarté » va nous aligner sur la créativité et la permettre.

*TM* : Si je vous suis bien, c'est l'alignement de ces trois champs-là qui permet la créativité. Avez-vous quelques exemples ?

*CTM* : En anglais, on parle souvent de « *starving artist* », pour désigner les artistes bohèmes qui « crèvent la faim ». Ce type de personnes est souvent authentique et très au clair sur ses envies, mais il manque de pouvoir ; il n'a pas la traction nécessaire ! Il a l'authenticité dans l'art, la clarté dans l'intention, mais pas cette force indispensable à la traction. Il est souvent figé et rêve au détriment de l'action.

À l'inverse, il y a celui qui est authentique, qui a le pouvoir mais pas la clarté, qui n'a pas cette vision. Imaginez un taureau dans un magasin de porcelaine chinoise. En fin de compte, ça fait beaucoup de dégâts, car on ne sait pas où on va. Enfin, il y a celui qui a du pouvoir et de la clarté mais à qui il manque l'authenticité, ce que j'appelle le « syndrome Wall Street ». Cela ressemble à ces traders ou à ces politiciens qui ont du pouvoir et une vision claire de leurs buts, mais pas l'authenticité nécessaire. Ceux-là sont prêts à se fourvoyer, à mentir et à manipuler. Ils ne sont pas dans l'authenticité. Bref, si on triche, c'est que l'on ne sait pas être authentique.

*TM* : On va voir comment pratiquer ces trois axes avec les conseils du coach, mais pouvez-vous, en attendant, nous donner quelques outils théoriques ?

*CTM* : J'aime me référer, en tant que moine et coach, à Don Miguel Ruiz qui a écrit *Les Quatre Accords toltèques*. « Fais en sorte que ta parole soit impeccable », qui signifie que l'on peut demander la permission de dire sa vérité au plus vite ou d'être honnête plutôt que d'être gentil. Ça, c'est vraiment important : on retrouve l'authenticité. En deuxième lieu, il s'agit de « ne rien prendre de façon personnelle ». Si on prend tout de façon personnelle, on bloque la capacité d'action. On se met à cogiter : « Suis-je assez, pas assez ? Est-ce que je fais bien ou mal ? » Dans le coaching, on considère que l'on gagne ou l'on apprend ; on ne perd jamais. Quand j'étais jeune, j'avais trente leçons pour un seul succès. En langage classique, ça veut dire trente erreurs ou trente ratés. Désormais, à l'aube de mes 50 ans, pour un succès, j'ai trois leçons.

En troisième accord toltèque, il est nécessaire de « ne pas faire de suppositions ». Cela renvoie à la peur du jugement des autres. Il y a une citation qui dit : « Pose une question quand tu ne sais pas, tu auras l'air d'un idiot pendant cinq minutes ; ne la pose pas, tu seras un idiot toute ta vie. » On apprend, très jeune, la peur de ne pas savoir. Poser des questions, être curieux, c'est vraiment important. On ne peut pas être arrogant quand on est curieux. La curiosité est un symbole d'intelligence et d'humilité.

*TM* : Et quel est le quatrième accord ?

*CTM* : « Fais toujours de ton mieux. » C'est extraordinaire parce que, chaque matin, on a tous eu le privilège de se réveiller un jour de plus. Cent cinquante mille personnes seront mortes à la fin de la journée, ce qui veut dire qu'elles seront un million à la fin de la semaine. La moitié savait qu'elles s'approchaient de la fin, l'autre moitié ne savait pas. Et, donc, on fait au mieux avec ce que l'on est et avec ce que l'on a. Et, ça, c'est vraiment important. À la fin de la journée, demandez-vous : « Est-ce que j'ai fait au mieux avec ce que je suis et avec ce que j'ai ? » Dans une journée type, je dispose d'assez peu d'espace pour investir cette intimité. C'est pourtant indispensable, ça ! Au moment du grand saut, je me souviendrai uniquement des réels moments de la vie, des moments de création et de cohérence avec moi-même.

*TM* : Qu'est-ce qui me permet de garantir cette cohérence ?

*CTM* : Mon temps, mon énergie et mon attention. C'est un investissement, c'est à moi de choisir comment je me montre au monde et comment je m'investis dedans, et de me connecter avec les autres. C'est mon devoir, c'est ce qui m'appartient. Je cherche à mettre un cadre pour ma liberté. Mon temps, mon énergie et mon attention vont me permettre de créer à la manière d'Épicure : générer du contentement et du plaisir avec modération et qualité.

*TM* : Au risque de paraître trop utilitariste, quelle est la finalité de tout ça ?

*CTM* : Le but, ce n'est pas d'être un nouveau moi, mais c'est de savoir qui je suis ; le réel moi. Ça, c'est le plus important et, là, on revient à la connaissance de soi.

L'adaptabilité, l'équilibre sont des fréquences de la nature et la connaissance de soi passe justement par le fait de pouvoir se reconnecter à cet équilibre.

*TM* : L'équilibre se heurte aussi à certains obstacles du quotidien. Je pense à ce flux ininterrompu d'informations. Informations sensorielles, informations médiatiques, etc.

*CTM* : Ce n'est pas le flux mais le trop-plein. « L'homme qui traverse la rivière ne traverse jamais deux fois la même rivière et n'est jamais deux fois le même homme. » On est toujours dans l'urgence et il nous revient de vider la poubelle, de voir ce qui est utile, ce qui ne l'est plus. Grâce à la pratique, on peut reprendre cette télécommande de sa ligne de vie. La plupart des gens laissent les autres ou les situations décider pour eux au lieu de créer un cadre et de s'engager au monde. Ma responsabilité réside dans mon habileté à répondre à cet appel qu'est ma vie, cette vie qui m'appartient.

*TM* : Si je reprends votre triptyque d'énergie, de temps et d'attention, comment expliquer alors que la vie déborde parfois certaines personnes jusqu'à la dépression ou jusqu'au désespoir ?

*CTM* : La dépression n'est qu'un état passager, mais certains la vivent comme une identité. Et c'est un venin puissant, car les gens rentrent dans un engrenage. Ils ne supportent plus la vie qu'on a créée pour eux et les cases qu'on leur a donné à remplir. Ils vivent une vie sans savoir si c'est vraiment ça qu'ils voulaient. Ils ont obtenu l'approbation extérieure, l'acceptation de leur communauté mais, au moment où ils se rendent compte que leur vie a été choisie sans eux, ils se retrouvent dans une impasse. Et cette impasse devient leur identité.

*TM*: Il s'agit donc de sortir de ce carcan identitaire et de se construire une vie créative ?

*CTM*: Oui ! Comment devenir quelqu'un qui a choisi son chemin et son propre rythme ? À partir d'un certain âge, comment je sais que mes croyances m'appartiennent ? Je me suis posé cette question. Comment je sais que ce que je connais, ce qui m'a constitué m'appartient ? Moi qui suis né dans une famille multiculturelle, à la fois française, vietnamienne et juive, je pensais être un peu de ces trois cultures et, un jour, je me suis rendu compte que ce n'était pas vraiment le cas. Quelles sont mes croyances ? En quoi je choisis de croire en conscience ? Je ne cherche plus à dépasser mes parents, à tuer le père, mais plutôt à les transformer et à les guérir. Ainsi, je ne vais pas transmettre la même chose à mes enfants. Et si mes parents ne changent pas, je cherche de toute façon à les accepter, à les recevoir tels qu'ils sont.

Alors, pour trouver mon chemin, ma voie et mes croyances, j'ai tout de même besoin d'inspiration. C'est un mot un peu à la mode et employé à tort et à travers aujourd'hui, mais, pour nous qui respirons, donc inspirons et expirons, ce mot est fondamental. Être inspiré par quelqu'un ou quelque chose permet d'imiter l'autre en cherchant à aller dans ses pas. Ensuite, on dessine sa propre carte d'un territoire nouveau. Inspirer, c'est créer !

L'inspiration, SPIR, est le souffle. Le préfixe « in » signifie « dans ». Donc, « le souffle dans » c'est mettre du souffle dans quelque chose, dans quelqu'un. Cette inspiration, c'est mon pouvoir. Quand je manque d'air, je manque de souffle, je fais cet effort d'entrer de l'air dans mes poumons.

L'inspiration, c'est ma traction, c'est l'abondance. L'abondance n'est pas que dans l'argent; l'abondance est dans la façon dont je respire. Il y a plus d'oxygène sur la planète que mes poumons peuvent en prendre et donc, moi, ce que je veux c'est me connecter à l'abondance.

*TM* : On peut donc à la fois inspirer quelqu'un et inspirer dans une personne ?

*CTM* : Dans la culture vietnamienne, quand on connaît les gens et qu'on les aime, on les inspire, littéralement. Un bisou vietnamien se fait par le nez. On s'inspire des gens, on les prend à l'intérieur, on prend leur odeur, on prend cette énergie. Il faut comprendre, qu'on le veuille ou non, que l'on partage le même air. Le taux d'oxygène sur la planète a toujours été le même. Il n'y a pas moins d'air ou plus d'air. Au moment où j'inspire et j'expire, mon expiration pourra nourrir des fleurs du Japon qu'on appelle les *sakura*, des arbres, des bananiers d'Afrique. Et cet air que j'expire, ces molécules d'air seront ensuite inspirées ou expirées par d'autres gens. Comment respirer comme un alchimiste, de manière pleine ou minimaliste ? L'inspiration, c'est mon pouvoir, l'expiration, c'est mon lâcher-prise, un acte de soumission au divin.

Et, souvent, les gens ne savent pas se relâcher. Ils le font à la fin de la journée quand ils s'assoient sur leur canapé, la chose la plus difficile est de se relâcher sous tension. Puisque la vie est intense, la connaissance de soi est intense, l'amour est intense, donc se relâcher implique de s'abandonner au divin. Et c'est très compliqué de dire qu'on va se lier à l'invisible pour faire une part du chemin. Inspirez, expirez, relâchez, posez le monde, ne serait-ce qu'une minute, et de ce vide naissant jaillira la créativité.

# II

# *La créativité du point de vue du coach*

## La respiration de la plume

**FLASHEZ LE QR CODE**

Cette respiration est faite pour calmer un pic de stress et revenir à l'intérieur de soi. Ici, on va se concentrer sur l'expiration et les pauses. Le système digestif et le cœur envoient des informations au cerveau via le nerf vague, qui joue un rôle moteur dans la digestion et la gestion du stress. La respiration de la plume qui active le nerf vague se fait en plusieurs temps.

D'abord, on visualise une plume qui s'envole sous l'effet de notre souffle. Un souffle doux et délicat.

J'inspire par le nez sur une mesure de cinq temps et je retiens ma respiration. Je compte jusqu'à cinq. J'expire 50 % de l'air de mes poumons. Je retiens le reste pendant cinq temps. J'expire à nouveau les dernier 50% de l'air. Puis une nouvelle pause de cinq temps.

Je prends ensuite une respiration de « *reset* », c'est-à-dire une grande inspiration et expiration, puis j'entame un nouveau cycle.

Avec de l'entraînement, je n'aurai plus besoin de faire ce *reset*. Je serai alors comme une plume. Je me sentirai léger, bien confortable dans mon corps et dans ma tête et j'aurai régulé mon nerf vagal.

# III

# *La créativité du point de vue du thérapeute*

Notre corps humain est doté de cette incroyable capacité de créativité. Certains disent même qu'elle forme le but de notre existence. Pour bien comprendre cela, nous allons évoquer les différentes façons que nous avons tous de développer notre créativité.

Tout d'abord, la plupart d'entre nous sont dotés de la capacité de se reproduire. En effet, nos organes génitaux et le génie du vivant sont à la base de la création de notre humanité, de notre monde naturel et aussi du monde que l'humain crée. Et, pour ce dernier point, il faut se rappeler que tout ce qui existe a d'abord été imaginé. La question philosophique qui vient alors est de savoir qui a imaginé la nature et l'humain, mais peu importent les réponses, concentrons-nous sur ce sur quoi nous pouvons avoir une action directe et concrète, c'est-à-dire le sexe, la pensée et l'art.

C'est comme si nous avions en nous trois sortes de génies inventeurs.

- Le premier, très primaire, ne pense qu'au sexe. Il est très concret et adore l'amour et le plaisir. Il nous permet de donner la vie.
- Le deuxième est très complexe, il pense tout le temps, il se prend la tête pour tout et nous permet de réaliser des choses qui n'existaient pas avant d'y avoir travaillé.
- Le troisième est une synthèse des deux premiers, il pense, digère cela dans sa panse et crée avec sa craie.

Concrètement, cela correspond aux organes génitaux, au cerveau et à l'usage des deux en même temps.

Détail du hasard (qui fait toujours bien les choses), il s'agit des parties anatomiques inférieure et supérieure décrites pour les chakras.

Du point de vue cellulaire, il est intéressant de rappeler que les cellules sont au nombre de 80 000 milliards et qu'il y en a deux cents sortes. Toutes ces cellules connaissent un cycle de renouvellement. C'est-à-dire que l'on n'a pas un capital de cellules à un moment donné qui décroît jusqu'à la mort, mais que toutes nos cellules se répliquent avant de disparaître par le phénomène d'apoptose (mort cellulaire). Et il faut bien comprendre que l'héritage de ces réplications provient du code génétique pour une part, mais aussi des expériences vécues par la cellule. Autrement dit, si vous donnez l'information de trop manger, trop râler, trop stresser à vos cellules, alors elles reproduiront les adaptations à ces messages. À l'inverse, en donnant de nouvelles routines de bien manger, bien penser, bien se détendre, elles augmenteront leurs appétences et adaptabilités à ces signaux.

En sachant que le cycle de renouvellement cellulaire varie de quelques minutes à sept ans, vous comprendrez aisément l'importance de la mise en place de routines quotidiennes sur le moyen terme afin de voir les bénéfices extraordinaires se mettre en place et se consolider à long terme.

Quand nous sommes enfants, nous ne sommes pas forcément passionnés par le brossage des dents. Pourtant, rapidement, nous comprenons toute l'importance de la régularité du brossage. Il en est de même pour tous les systèmes du corps humain, digestif, reproductif, cardiaque, vasculaire, pulmonaire, et de notre système de pensée.

Développer et orienter nos capacités de renouvellement de notre corps à chaque instant semble être alors une clé essentielle qui peut être utilisée au développement de notre bien-être.

J'aime à rappeler que « lorsque nous avons la chance de bien naître, tâchons de bien être ».

À SAVOIR

## LES SECRETS DE VOTRE DIAPHRAGME

**Le diaphragme** est à la base de la respiration. Pourquoi à la base ? Parce qu'il est situé sous les poumons et sépare la cavité thoracique de la cavité abdominale. Il assure à lui seul 60 à 75 % de la variation du volume des poumons lors de l'inspiration.
C'est un muscle strié squelettique en forme de dôme qui s'insère à la face médiale des six dernières côtes, en avant sur l'appendice xiphoïde, et qui descend jusqu'au niveau de la face antérieure de la troisième vertèbre lombaire en arrière. Ces insertions sont en relation directe avec le psoas, le carré des lombes et les muscles abdominaux transverses, muscles dont nous verrons la participation dans la dynamique respiratoire.
Le diaphragme connaît également des liens avec les piliers œsophagiens et aortiques, ce qui explique l'effet direct de la respiration sur le fonctionnement interne circulatoire et digestif.
Sa contraction, lors de l'inspiration, le fait s'aplatir, augmentant le volume vertical des poumons. C'est un muscle qui fonctionne sans cesse. À l'instar du cœur, il est commandé par le système nerveux autonome qui lui demande de s'activer à la détection d'un certain taux de $CO_2$ sanguin.
**Les muscles intercostaux** participent, eux, à l'expansion de l'ampliation thoracique latérale. Ils viennent compléter le mouvement respiratoire de base du diaphragme selon la même commande.
Les muscles accessoires de la respiration sont les muscles qui vont intervenir uniquement sur des respirations d'effort ou bien forcées.

À SAVOIR

On retrouve dans les inspirateurs accessoires :
Les muscles du cou :
- **Les muscles sterno-cléido-mastoïdiens ;**
- **Les muscles scalènes.**

Les muscles du thorax :
- **Les muscles petits et grands pectoraux ;**
- **Les muscles grands dorsaux et dentelés**

(N.B. : les dentelés postérieurs sont inspirateurs et expirateurs accessoires).

Et dans les muscles purement expirateurs accessoires :
Les muscles de l'abdomen :
- **Les grands droits ;**
- **Les obliques ;**
- **Les transverses.**

Dans l'effort, comme dans le travail de l'exploration de la respiration en pleine conscience, on peut ajouter à cet arsenal musculaire plusieurs complexes musculaires viscéraux qui composent les abdominaux en avant : le périnée en bas, le psoas en arrière et le diaphragme en haut.

L'exploration respiratoire aboutie et complète lors d'exercices demande alors une prise de conscience de ces différents groupes musculaires.

Ces quatre groupes musculaires formant une cage dynamique de protection autour des viscères, ils donnent également la possibilité de faire varier les pressions et de masser la masse viscérale, que nous appellerons le « premier cerveau ».

Premier cerveau, car il est complètement fonctionnel, bien avant le cerveau supérieur qui, lui, peut mûrir durant toute la vie.

## Les jeux respiratoires créatifs

Les poumons sont composés de cinq lobes : trois à droite et deux à gauche, ce qui laisse un espace pour le cœur.

La colonne vertébrale, qui est impliquée dans chaque respiration avec les articulations costo-vertébrales, connaît six directions : flexion, extension, inclinaison gauche, inclinaison droite et rotations droite et gauche.

À partir de ces rappels anatomiques et biomécaniques de base, on peut créer une multitude d'exercices respiratoires. Par exemple :

- Les exercices respiratoires en mouvement d'inclinaisons vont solliciter la compression d'un poumon pendant qu'ils ouvrent le poumon controlatéral.
- Les exercices respiratoires en rotation créent un essorage de l'ensemble des lobes et permettent un vidage passif plus abouti des poumons.
- Les exercices respiratoires en flexion-extension permettent d'augmenter la vague naturelle du flux respiratoire.

À cela, on peut ajouter la manière de respirer, qui va créer différents effets sur la capacité respiratoire. Par exemple :

- Une inspiration nasale lente ou buccale à faible débit, dans une paille par exemple, va créer un remplissage des lobes inférieurs en priorité, permettant le développement doux et complet de toute la capacité pulmonaire.
- Une inspiration brutale par le nez, voire par la bouche, va créer un tourbillon dans les voies respiratoires supérieures, pouvant décoller d'éventuelles sécrétions et amener beaucoup de puissance.

- Une expiration à faible débit peut servir à décrocher du mucus dans les voies respiratoires profondes en cas de pathologie obstructive, mais cette même respiration douce et profonde va stimuler le système parasympathique et ainsi amener calme et sérénité.
- Une expiration forte et puissante qui peut servir à finaliser l'expectoration dans les techniques de kiné respiratoires peut être utilisée chez une personne en pleine santé pour tester sa capacité à augmenter son souffle.

À SAVOIR

## EFFETS PLACEBO, NOCEBO ET « BONCEBO »

L'effet placebo est l'effet positif induit par le contexte et la croyance de l'intéressé dans une médication. Et il n'est pas à prendre à la légère, car il est mesuré à 30 ou 40 % dans plusieurs études.

L'effet nocebo est l'inverse du placebo, c'est-à-dire que c'est l'effet négatif d'une croyance dirigée vers une médication. En lisant ces liens comportant plusieurs illustrations de l'effet nocebo, vous comprendrez qu'il est absolument important de ne pas le prendre à la légère et de veiller à l'éviter.

J'aimerais développer une notion nouvelle :

C'est l'effet « BONCEBO » !
C'est bon, ça !!!

Cela peut sembler une évidence, d'autant qu'il est démontré aujourd'hui que, lorsque l'on vit un bon moment, un grand nombre de neurotransmetteurs du bien-être se mettent en action. Sérotonine, dopamine, adrénaline, etc.

À SAVOIR

Les moyens pour déclencher cet effet « boncebo » sont multiples :
- La méditation ;
- La visualisation positive ;
- Être dans la bienveillance ;
- Avoir de la compassion ;
- Avoir des relations amicales ;
- Faire la fête ;
- Un bon repas ;
- Les odeurs agréables ;
- Regarder un bon film ou un beau paysage ;
- ETHOS FLOW !!!

## Activez votre colonne vertébrale

La colonne vertébrale est un ensemble complexe qui peut être décrit comme une chaîne complexe de maillons osseux, reliés par une multitude de tissus plus souples et actifs. Elle est le lieu du grandissement et de la posture avec ses muscles érecteurs du tronc et aussi le lieu de passage de tout le système nerveux puisqu'à chaque étage vertébral se distribue l'innervation des différentes parties du corps. Ainsi, les commandes motrices et sensitives, conscientes et inconscientes, passent par cette colonne.

Il est alors facile de comprendre qu'en maintenant la bonne santé de la colonne vertébrale, on entretient le bon fonctionnement du corps.

À noter que les mouvements du rachis sont tridimensionnels. Et la sédentarisation de nos vies modernes a tendance à ne plus solliciter suffisamment nos capacités adaptatives tridimensionnelles.

Nous allons alors décrire les six directions de mouvements basiques que la colonne peut réaliser afin de mieux les explorer par la suite.

La colonne vertébrale peut donc :

1. se fléchir, vers l'avant ;
2. faire une extension, vers l'arrière ;
3. s'incliner vers la droite ;
4. s'incliner vers la gauche ;
5. faire une rotation à droite ;
6. faire une rotation à gauche.

À partir de ces mouvements de base, on peut imaginer une multitude de mouvements complexes. Essayez. Mais, avant, notez que le mouvement entre chaque étage vertébral n'est pas très grand. On retrouve ces six directions à quasiment tous les étages (beaucoup moins aux étages sacrés), mais ils ont chacun une amplitude plus ou moins développée. C'est l'harmonisation et la coordination de l'ensemble de ces étages qui vont donner la capacité de mouvement ample, confortable et donc bénéfique.

La colonne a également la possibilité de se décoapter (**étirer pour séparer**) par la mise en tension des muscles érecteurs du tronc. Cela forme un atout considérable pour lutter contre la gravité puisque nous résistons chaque fois que nous sommes debout à 1 g gravitationnel.

## « Jean-Philippe Dary, instructeur Ethos Flow »

*Dans le domaine artistique, on parle souvent de respiration, de relaxation, de conscientisation, de visualisation. En tant qu'artiste, c'est en cela que la méthode Ethos Flow m'aide. Je n'ai pas d'approche scientifique comme Benjamin Palissé ou Chris Tai Mélodista.*

*Pour ma part, j'ai plus une approche empirique et artistique liée à mon métier de musicien. Ma collaboration régulière avec des artistes de renommée internationale, la pratique de grandes scènes devant des milliers de personnes me permet d'utiliser la respiration.*

*Dans ce cas précis, la respiration me permet de contrôler et de ne pas me laisser envahir émotionnellement par le trac avant de monter sur scène. Le trac peut paralyser, inhiber et diminuer le niveau de performance. Dans ces moments, les techniques de visualisation me permettent de me « refaire le film » du répertoire que l'on va jouer et ainsi, en une fraction de seconde, je me place dans un état de transe, une « super concentration », quelque chose qui s'apparenterait plus à ce que l'on appelle la « zone » chez les sportifs de haut niveau.*

*Comment être dans le présent sans réfléchir, sans prévoir, mais juste en vivant le moment présent ? En étant conscient de chaque respiration et de chaque geste lié à cette respiration !*

*En tant qu'enseignant dans le domaine de la musique, je commence toujours par des étirements, des bâillements (nous sommes la seule espèce à refréner nos bâillements, ce qui peut ajouter du stress négatif et des tensions dans notre corps et notre psyché). Cela permet de mieux sentir les tensions et ainsi de relâcher ces tensions.*

*Par exemple, tenez-vous debout, prenez une bonne inspiration de façon à remplir vos poumons d'environ 75 %, attrapez vos chevilles avec vos mains et expirez lentement tout en étant conscient du poids de votre tête. Servez-vous en pour augmenter vos chances de tenir plus longtemps. Redressez-vous puis reprenez une inspiration et recommencez deux à trois fois, en étant conscient de votre inspiration et de votre expiration.*

*Pour moi, Ethos Flow fonctionne comme un OS, c'est-à-dire un système d'exploitation qui, selon le logiciel installé, vous permet de le faire tourner au mieux et surtout de l'améliorer par un système de mises à jour.*

*En tant qu'instructeur d'un art martial russe appelé Systema, les exercices de respirations font partie intégrante de mes sessions. Comprendre, ressentir que la respiration est la clé de toute connexion entre votre système « interne » et votre système « externe ». Comprendre que votre attitude et vos actes sont liés à vos émotions et que vos émotions dépendent de votre façon de respirer.*

*Quelle qualité a votre respiration ? Quelles sont les émotions qui vous viennent ? Et comment gérez-vous tout cela ?*

*Toutes ces questions sont en fait l'essence de la vie, de votre vie. Les interactions avec tous les types de respirations vont donner le tempo à nos phrases, à nos langages corporels, à notre façon de nous exprimer. Comme le dit Chris Tai Mélodista : « Notre façon de nous présenter au monde est notre façon de respirer, car cela va influencer notre façon d'être. »*

*Pour finir, voici un secret : personne ne pourra vivre votre vie à votre place. Expérimentez donc cette vie qui vous est offerte avec tout ce qu'elle contient. Respirez la vie telle qu'elle se présente à vous.*

# LA CONNAISSANCE DE SOI

# I

# *La connaissance de soi du point de vue du moine*

*TM* : Ethos renvoi au terme grec « habitude », « caractère ». Mais le logos grec – la parole, le discours, la rationalité – est aussi très présent dans votre enseignement. D'ailleurs, il est inscrit au fronton du temple de Delphes : « Connais-toi toi-même et tu connaîtras l'Univers et les Dieux. » Une formule que vous citez souvent.

*CTM* : La mythologie et le polythéisme grecs constituent des enseignements intéressants pour aborder la connaissance de soi. Apprendre à se connaître est l'essence de la vie. Et cela commence simplement par inspirer puis expirer. Dis-moi comment tu respires, je te dirai qui tu es. Ça, ça s'arrêtera un jour et plus rien d'autre n'aura d'importance. Il s'agit de comprendre cette fragilité. Mais là réside aussi une force : entre notre première inspiration et notre dernière expiration, nous avons l'occasion de faire des choses incroyables. Alors, il s'agit de se demander quelle est la chose la plus importante dans ma vie.

*TM*: Respirer, bien sûr! Nous l'avons compris tout au long de cet ouvrage. Je place aussi le bien-être de ma famille dans la chose la plus importante.

*CTM*: Certainement. Mais la chose la plus importante dans la vie, c'est la VIE elle-même. Si on se détourne de ça, on donne la priorité aux urgences, et non à l'essentiel. Puis, dans cette vie, il s'agit d'être présent à soi-même. Comment être présent à soi-même si on est incapable d'observer, de voir un beau paysage, un bel oiseau, de ressentir ses émotions avec l'instant? Cultivons le retour de l'innocence, comme chez le taoïste pour qui le bonheur réside dans la spontanéité de l'enfant.

Lorsqu'on prend connaissance des études sur le cerveau, on remarque à quel point nous sommes des êtres émotionnels, et non des êtres rationnels. Par exemple, quand on ressent de la peur, on trouvera toutes les justifications pour faire ou ne pas faire quelque chose. À l'inverse, quand on désire quelque chose, un objet ou une situation, on trouvera toujours une manière de l'acquérir et les justifications de notre démarche, même si cet objet met nos finances à mal.

*TM*: Comme ce joueur de casino qui est accro au jeu? Celui-là arrivera toujours à trouver de l'argent de manière complètement improbable, n'est-ce pas?

*CTM* : Improbable est le bon mot, parce qu'en réalité, en tant qu'êtres humains, nous utilisons d'abord notre cerveau, notre raison, pour justifier nos émotions. Avec la pratique, je peux comprendre et ressentir que la qualité de ma respiration, c'est la qualité de mes émotions. Cette qualité d'émotion va créer une qualité de pensée ; cette pensée va à son tour créer une nouvelle qualité d'émotion qui va me permettre de voir de quelle façon je vais expérimenter cette vie. Le plaisir de sa propre compagnie, c'est ça, la connaissance de soi.

*TM* : Prétendez-vous que si l'on n'aime pas être seul, alors on ne s'apprécie pas ?

*CTM* : Beaucoup d'entre nous ne s'apprécient pas, car ils ont trop souvent basé leurs choix par rapport à l'attente créée par d'autres, la société, leur famille ou leur environnement. Si on ne s'est pas posé de questions, « Qui je suis ? Comment je désire me présenter au monde ? Si je me rencontrais, aimerais-je prendre un café avec moi-même ? », alors on est susceptible de prendre un retour de flamme. On appelle communément « crise de la quarantaine » l'apparition de ce besoin de changement. « Qu'est-ce que j'ai fait de ma vie ? La moitié de ma vie est passée et j'ai rempli toutes les cases, celles du couple, de la maison, des enfants, de penser à ma retraite… Mais ai-je vécu… ? »

*TM* : Oui, pour ma part, j'ai rencontré ce besoin de changement à l'âge de 30 ans. Et ce fut une expérience radicale que j'ai vécue intensément durant plus de deux ans. Le temps d'accepter de vivre sa vie en créant ses choix et en apprenant à renoncer, donc.

*CTM* : C'est pour cela que je dis que la connaissance de soi, c'est d'abord de vivre sa vie, pleinement. Non pas dans une logique hédoniste, mais dans un processus basé sur le long terme, dans la modération et des choix de qualité. C'est aimer être en silence avec soi-même, aimer sa propre compagnie, aimer s'élever comme dans une relation amoureuse.

*TM* : Comme le disait le philosophe janséniste Blaise Pascal : « Tout le malheur des hommes vient d'une seule chose, qui est de ne savoir pas demeurer au repos dans une chambre. » Certes, il n'évoquait pas la respiration mais la prière. Pourtant, sa phrase garde une extraordinaire actualité.

*CTM* : Téléphones, bruits, moyens de communication ultraprésents… tout cela nous isole plus qu'il nous connecte. Nous avons le choix entre la solitude et la possibilité d'être seul en sa propre compagnie. Prendre le risque de me connaître moi-même et accepter qui je suis demande du temps, c'est un processus, un engagement.

Là aussi, nous proposons des outils avec Ethos Flow, comme la respiration « *Rebirth* » (respiration de la renaissance), pour aider à tomber les masques. Le masque que je porte en public est rempli de toutes ces règles auxquelles j'adhère ou que j'accepte pour me conformer. On délègue notre connaissance de nous-mêmes à une conscience collective puis on s'y identifie, comme on s'identifie à ce qu'un groupe, une communauté ou des parents ont choisi pour nous. Et c'est de là que vient la rupture. Donc, c'est important de savoir quelles sont nos valeurs, quel est mon caractère puis de se demander si ma vie est en congruence avec ça. Malheureusement, il y a une grande dichotomie entre ce que je suis, ce que je voudrais être et ce que la société attend que je sois.

*TM* : Parfois, cette dichotomie se transforme en fossé qui devient infranchissable avec le temps.

*CTM* : Et c'est pour ça que beaucoup de gens vont s'anesthésier avec la consommation compulsive de séries, de porno, de jeux, de shopping. Les gens recherchent de la dopamine. Autant de dérivatifs pour ne pas s'engager vraiment dans ce qui est important, puisque ce qui est important, c'est la vie elle-même, c'est ma vie, c'est votre vie.

On peut cultiver sa réelle intelligence, la curiosité, l'art d'aller vers l'inconnu. À l'inverse des enfants, ces éternels curieux, l'adulte a tendance à aller dans la vie en prenant de moins en moins de risques. Puis l'intellect se met à séparer, comparer, classifier. Ensuite, le corps se met à stocker nos émotions dans notre chaîne musculaire. La frustration, la colère vont se bloquer dans les épaules, dans la mâchoire ou ailleurs. On croit que l'on règle ces choses dans notre tête mais, en réalité, on ne fait pas le processus du désamorçage de ces tensions dans son corps. Je pense à la maladie du takotsubo, une pathologie cardiaque dont les symptômes sont très proches de l'infarctus du myocarde (la cardiomyopathie takotsubo,

CT, est une **insuffisance cardiaque aiguë récemment décrite qui se manifeste comme un infarctus aigu du myocarde)**. Appelée aussi la « maladie du cœur brisé », elle est souvent provoquée par des chocs émotionnels brutaux, comme la perte d'un être cher.

*TM* : Il s'agit là de somatisation, c'est-à-dire que le corps déploie des émotions liées à un état psychique ou à un stress intense.

*CTM* : Le corps a sa propre intelligence. On a une mémoire musculaire, des réflexes innés. Je pense au réflexe d'immersion ou au réflexe mammalien présent chez les mammifères. Il est déclenché lorsque le visage est en contact direct avec de l'eau. L'effet physiologique principal est la bradycardie. Immédiatement, lors du contact de l'eau avec le visage, le rythme cardiaque diminue de 10 à 25 %. Et ce n'est pas une décision consciente.

La seule façon d'engager son corps avec la conscience, c'est de s'engager dans une relation amoureuse, de la vivre physiquement avec sa peau, ses sens, tout son corps. Et puis d'avoir le cœur brisé à l'intérieur pour comprendre ce qu'est l'amour. Lorsqu'on met un bébé au monde, on a besoin d'être tactile, de l'embrasser, de le câliner. C'est instinctif et c'est aussi une intelligence du corps sain. En réalité, l'amour est relié à une connaissance de soi biologique. On est programmé pour aimer. Pourquoi ? Parce que c'est ce qui va nous permettre de nous reproduire, de créer et de garder l'espèce humaine en vie.

*TM* : Je comprends ce lien, mais vous avouerez qu'entreprendre de se connaître soi-même, et en plus de s'aimer, est une autre paire de manches !

*CTM* : Ces questions sont pourtant essentielles. Est-ce que je m'aime ? Est-ce que j'aurais du plaisir à boire un café avec moi-même ? Est-ce que, quand je me regarde dans la glace, je détourne le regard ?

Au-delà des masques dont je parlais plus haut, quelle est notre part d'ombre, cette chose qu'on ne veut pas aller voir ? Cette chose qu'on ne veut pas résoudre pour avancer dans sa vie ? Et c'est cela, la connaissance de soi, c'est pouvoir être congruent et ne pas avoir à jouer différents personnages.

*TM* : Une piste pour entreprendre cette connaissance de soi au-delà de l'intellect, du logos ?

*CTM* : On peut apprendre à se connaître si l'on pratique des choses que l'on ne connaît pas. L'inconfort de l'inconnu va nous permettre de savoir qui on est vraiment. Qui était-on avant le chaos de la Covid-19 ? J'entendais beaucoup de gens clamer qu'ils étaient forts, individuellement ou en groupe, qu'ils étaient bien dans leur peau. Et, avec la crise sanitaire, pour certains, ça s'est mis à beaucoup moins bien aller, dans leur business, avec leur conjoint, leur famille ou la société…

En réalité, les gens n'étaient pas si forts avant la Covid-19, les gens étaient dans un équilibre fragile. Un corps et un esprit qui fonctionnent bien, c'est un corps en homéostasie, c'est-à-dire en équilibre. Et la force, c'est quand le monde s'écroule, quand tout le monde est à genoux, quand tout le monde est à terre et que, moi, je me relève. Et je continue à aller de l'avant puisque mon corps, physiquement, est fait pour aller de l'avant, comme le prédateur. Mes yeux regardent en face, mes pieds courent plus vite et vont tout droit. Et, là, je ne parle pas de résilience ou de refoulé. Mais je parle d'aller tout droit grâce à la pratique de son corps, de la curiosité, comme les enfants. Avec les années, on prend de moins en moins de risques et, à un moment, on se trouve dans une impasse ; alors, on abandonne complètement ses rêves puisqu'on se dit que c'est trop tard.

*TM* : Entendre cela est à la fois radical et rassurant.

*CTM* : L'éducation classique a fait de nous des spécialistes. Les gens ne font que ce pour quoi ils sont bons et se valorisent par rapport à ce savoir, sans prendre le temps de découvrir des domaines où, justement, ils ne sont pas bons. Mais l'idée, ce n'est pas d'être bon ou mauvais mais d'être curieux.

*TM* : C'est votre cas ?

*CTM* : Cette année, malgré la Covid-19, j'ai parcouru six pays en un mois. J'ai été dans plein d'endroits différents. Il y a des choses qui ont fonctionné et d'autres non, des choses qui se sont déroulées comme je l'aurais voulu et d'autres qui ont été très éloignées de mes attentes. Mais, pour moi, ça m'a permis de savoir comment je suis à l'intérieur.

*TM* : Et comment êtes-vous justement ?

*CTM* : Je me rends compte qu'avec le temps ça passera, tout passera. Il y a des choses qui auraient pu rester des semaines ou des mois dans ma tête et me perturber. Désormais, en vingt-quatre heures, ça passe comme une lettre à la poste. Lors de mon dernier voyage en Turquie pour aller respirer avec les soufis (le soufisme, en arabe *tasawuf* [« initiation »], est une démarche spirituelle considérée comme ésotérique au sein de l'islam, dans laquelle les fidèles cherchent à atteindre la fusion avec Dieu), les règles sanitaires liées à la Covid-19 ont fait capoter ma démarche. Et puis j'ai loupé un avion pour la Norvège pour une simple formalité administrative. Une situation absurde dans laquelle le personnel navigant a refusé de m'aider alors que ça pouvait être réglé en deux minutes. Ça, c'est intéressant. Parce que j'ai subi un processus d'injustice doublé d'une incapacité à agir, ce qui est en général la pire des situations. On est tous confrontés à un moment donné à ce genre de situation.

*TM* : Il y a des situations très stressantes où je suis assez à l'aise, mais ce genre de cas, par exemple avec l'administration, j'ai énormément de mal. C'est lié à des éléments de mon passé. Du coup, cela génère en moi des réflexes de colère difficiles à contenir.

*CTM* : Alors, la colère, elle est là. Et elle doit être regardée. Mais, comme le disent la plupart des mystiques, la colère, c'est un poison qu'on avale en pensant que c'est l'autre qui va mourir. À ce moment où j'ai raté un avion essentiel, cette colère, je l'ai vécue et ressentie. J'en ai même pleuré ! Dépendre d'une seule personne qui m'a délibérément refusé un embarquement pour une raison aussi futile…

J'ai alors dit à la personne : « Mais quel genre d'être humain êtes-vous ? C'est déjà compliqué pour les gens de voyager depuis deux ans et, là, je viens de perdre mon billet d'avion. » J'ai regardé ce personnel navigant qui portait un masque cachant son visage, son émotion ou son absence d'émotion. Et je me suis dit que je pouvais haïr à ce moment-là. Mais c'est là que la connaissance de soi intervient. Je prends ce que la vie va me jeter à la figure, me donner ou me retirer. Mon savoir-faire, c'est comment, moi, je vais répondre à l'appel de la vie et à l'appel des choses que je vais rencontrer. Et donc j'ai appelé un ami de Lettonie puis j'ai pris un avion pour Riga. Cet ami est spécialiste du *stick massage*, un massage russe avec des bâtons. Je voulais m'initier depuis des années. Alors, j'ai eu la chance de me former. Puis, deux jours après mon départ de Lettonie, le pays a de nouveau fermé ses frontières. On ne pouvait plus ni y rentrer ni en sortir. Le plus incroyable dans cette histoire est que la personne qui devait m'accueillir pour ce stage en Norvège, lorsque j'ai raté cet avion, est tombée malade. L'événement a donc été de toute façon annulé.

*TM* : Vous avez finalement gagné du temps et une énergie précieuse.

*CTM* : En fin de compte, cette hôtesse qui ne m'a pas fait monter dans cet avion m'a permis de pouvoir augmenter et améliorer mon champ de connaissances en pratiquant quelque chose que je ne connaissais pas.

« On ne peut connecter les points qu'en regardant en arrière », comme le disait l'entrepreneur Steve Jobs. L'être humain aime fixer les choses, les planter. Toutefois, c'est dans le mouvement que naissent des choses fertiles.

*TM* : Cette anecdote est assez incroyable et je suis sûr que le lecteur, en regardant dans le rétroviseur de sa propre vie, saura connecter les points que le hasard et l'adversité ont dessinés devant lui. Quant à la force nourricière de la dynamique et du mouvement, je comprends les avantages. Mais la sédentarité a aussi ses avantages. Planter, construire, cultiver, transmettre, il y a là un approfondissement du lieu, un ancrage dans un territoire, un terroir, un savoir-faire. Il y a quelque chose de formidablement vivant aussi dans la sédentarité. Comment ces deux visions apparemment opposées peuvent se compléter ?

*CTM* : Les principes de mouvement et d'ancrage sont des équilibres. La sédentarité n'est pas la stagnation, comme le nomadisme n'est pas la fuite. Le flux et la pause sont nécessaires. La méditation, la pause, le repos sont nécessaires. Ça fait complètement partie du processus. Il y a des moments où j'ai besoin de me poser, il y a des moments où je suis dans le mouvement. Donc, ce n'est pas antinomique, ce n'est pas l'un ou l'autre, ce sont des polarités.

*TM* : Donc, dans le nomadisme comme dans la sédentarité, la curiosité, le jeu, le mouvement mènent à la connaissance de soi.

*CTM* : Absolument ! Faire de la musique, pratiquer des sports, se lancer dans des activités, tout ce qui va créer de la connexion encourage la connaissance de soi. La connaissance de soi, c'est connaître ses valeurs, son ethos, c'est-à-dire son caractère, ses habitudes. Est-ce que je suis congruent par mes actions ou dans ma vie ? Est-ce que je suis sûr de mon identité ?

*TM* : Vous avez parlé de caractère, d'ethos et de valeurs ! Des termes difficiles à définir pour soi. Un exemple ?

*CTM* : Parmi les gens religieux ou athées, l'humanisme reste une valeur assez largement partagée en Occident. À la fin de votre journée, posez-vous la question de savoir si vous avez été bienveillant avec les autres et vous-même. Demandez-vous aussi qui a été bienveillant avec vous. Est-ce que cette journée a correspondu à vos valeurs ?

*TM* : Simple et vertigineux à la fois !

*CTM* : D'autant plus si on ne se contente pas d'un non mais qu'on s'interroge sur le pourquoi et le comment. Parce que ce qu'on dit verbalement et à haute voix a plus d'impact que ce qu'on se dit mentalement. Et si on l'écrit, c'est encore plus fort. On peut aussi se demander dans quoi j'ai investi cette journée et avec qui j'ai investi mon temps. Mon énergie, mon attention et mon temps sont pour nous les trois choses les plus importantes. Choisir comment et avec qui j'investis mon énergie, mon attention et mon temps mène logiquement à la connaissance de soi. Et la connaissance de soi me donne la possibilité de faire ce choix.

*TM* : Là encore, cela entrouvre de fantastiques perspectives.

*CTM* : N'est-ce pas ?! Pousser les murs de nos croyances, nous ouvrir au monde, nous ouvrir à nous-mêmes et apprendre à accepter au sens de « recevoir ». Apprendre à dire sa vérité au plus vite plutôt que d'être gentil, ce qui m'évitera de faire des choses que je n'ai pas envie de faire. Éviter cette tension qui naît de ne pas savoir dire ce que l'on aimerait dire. Il suffit, pour cela, de demander la permission d'être honnête plutôt que d'être gentil. Honnête et bienveillant.

*TM* : Autorisez-moi une dernière question : est-ce que le chemin à emprunter vers la connaissance de soi-même nous mène vers la destination « sagesse » ?

*CTM* : « Souviens-toi que tu es humain ! » dit le vieil adage. Je n'ai rencontré aucun mystique qui marchait sur l'eau, aucun sage immortel, aucun guérisseur qui soignait par la pensée. En revanche, j'ai rencontré beaucoup de gens qui pratiquaient. Et, ça, aujourd'hui, c'est la seule vérité que je peux partager. Peut-être qu'un jour je rencontrerai une personne qui fait des miracles et je serai le premier à partager le message ou à tomber à genoux devant elle. Mais je préfère me souvenir que je suis surtout humain. Et pour cela, je pratique.

## *Audrey Iattoni, journaliste*

*« Un point d'équilibre, d'enracinement et d'harmonie. »*

*Ethos Flow est assez vite devenu un pilier, comme un point d'appui qui m'appartient dorénavant et m'accompagne partout. Je me retrouve ainsi régulièrement dans ma tête et dans le moment présent.*
*Cette pratique a agi sur moi comme un puissant révélateur. Aujourd'hui, j'alterne entre plusieurs pratiques, comme le yoga, le qi gong, la méditation. Je m'amuse alors à combiner les exercices, à observer mon souffle et ses effets sur mon corps. C'est comme un temps d'exploration intérieure qui peut s'étendre à quelques minutes ou bien jusqu'à l'infini, ça me fascine.*
*Avec un peu de curiosité, l'exploration peut nous amener très loin ou tout près, ça dépend des moments, et il n'y a aucun jugement. Il n'est pas non plus question de performance ni même vraiment de technique. Très simple à appliquer, la pratique proposée par Ethos Flow change indéniablement l'état d'esprit dans lequel on évolue. Une fois quelques habitudes prises, c'est le corps (le cœur ?) qui choisit là où il veut aller, et il s'agit alors de se laisser guider.*
*C'est aussi un point d'équilibre, d'enracinement et d'harmonie même. Les coachs d'Ethos Flow donnent accès à un apprentissage ciblé des différentes fonctions de notre corps, et cette connaissance donne tout simplement confiance*

*dans notre habileté physiologique à affronter le monde. Et sans même s'en rendre compte, on finit par prendre des douches froides le matin, mais, ça, c'est encore une autre histoire.*
*« Poser le monde », c'est bien le pouvoir caché derrière une pratique régulière des exercices transmis avec bienveillance par cette équipe inspirante du collectif Ethos Flow. Comme un déclic, une respiration consciente devient, un jour, un outil de reconnexion élémentaire qui permet d'accorder ses actes à ses principes, de favoriser l'action à la réaction, d'être libre d'être celui qu'on a envie d'être.*

---

# II

# *La connaissance de soi du point de vue du coach*

## La respiration 20-30-40

**FLASHEZ LE QR CODE**

La 20-30-40 permet de rentrer dans une transe très rapide pour accéder à un état d'hyperconscience. On va utiliser le mouvement, le corps et la respiration pour s'activer et rentrer complètement en « intéroception », soit la capacité à ressentir les mouvements intérieurs de notre corps.

Les vingt premières respirations vont se faire simplement en bougeant sa colonne de façon organique, comme une vague qui va commencer du bassin et aller jusqu'au sommet du crâne. Et je vais ouvrir mon corps et inspirer par la bouche. Une inspiration active suivie d'une expiration courte, prononcée avec un « ha ! » et associée à un relâchement.

Ma vague peut aller d'avant en arrière ou onduler telle une spirale, un twist. À la vingtième respiration, je vais prendre une grande inspiration, bloquer mon souffle et contracter tout mon corps dix secondes. Cela va créer une pression sanguine à l'intérieur de mon corps et une sorte de flash, une sensation de chaleur. Puis je relâche. La sensation qui va se manifester me permet de transcender ce corps et de manifester un état de non-pensée. Tout s'évanouit et se manifeste avec une sensation de présence intense.

Vient ensuite un nouveau cycle de trente respirations. J'inspire et expire de la même façon mais, cette fois-ci, je vais bouger un bras, puis l'autre, l'étendre sur les côtés, ouvrir mes côtes, activer mes muscles intercostaux. Je peux dessiner ma respiration de chaque côté, créer des torsions. Je vais tirer, inspirer, ouvrir cette cage thoracique, grandir mon diaphragme par mon inspiration. À la fin des trente, j'inspire, je bloque mon souffle en contractant tout mon corps et je me relâche.

Enfin, je passe aux quarante respirations. Je joins les paumes de mes mains. Je vais croiser mes pouces afin de bien maintenir la position. Puis, dans une inspiration dynamique, je vais tirer mes bras et mes doigts au-dessus de ma tête et les ramener au niveau du torse dans l'expiration. Le cycle se fait de façon dynamique, voire rapide.

Je respire par la bouche afin de maintenir un bon rythme et j'émets le son « ha ha ha ha ! ». Je reste bien en focus sur le relâchement au moment où les mains sont à la hauteur du torse avec le son « ha ». À la fin des quarante cycles, je remplis tout mon corps d'oxygène, je reste en apnée pleine, je contracte dix secondes puis je relâche.

À ce moment-là, je vais me reconnecter dans les sensations de mon corps, resté dans cet état de pleine conscience et d'ouverture. Je rentre en méditation et je choisis de me concentrer sur une seule chose, sur ma respiration, mon vide intérieur.

## Les six respirations de pleine conscience

**FLASHEZ LE QR CODE**

Ces six respirations nous connectent avec le présent. Depuis Aristote, nous savons que nous expérimentons cette vie à travers nos cinq sens. Notre cerveau interprète extérieurement ce que l'on voit, ce que l'on entend, ce que l'on sent, ce que l'on touche, ce que l'on goûte.

Mais, à l'intérieur, nous avons à peu près trente-deux sens. La psychologue et auteure Emma Young évoque, dans son livre *Une symphonie des sens*, le superpouvoir de nos trente-deux sens. Entre autres, il y a l'instinct, l'intuition, l'équilibre, la créativité, le sens de l'orientation, le sens de l'équilibre, les émotions… S'il y a beaucoup plus de choses que nos cinq sens à l'intérieur, cela signifie que nous expérimentons notre vie de dizaines de manières différentes.

Avec les six respirations de pleine conscience, on va pouvoir s'engager avec ces sens et avec l'extérieur. On peut énumérer les dix premiers sens : odorat, vision, ouïe, goût, toucher, équilibre, proprioception (position du corps dans l'espace), sens thermique, nociception (gêne et sensibilité douloureuse) et émotion.

Pour cela, on va inspirer puis expirer en se concentrant sur une seule chose à l'extérieur de soi, comme une couleur, un son, une ambiance…

La deuxième respiration va être à l'intérieur de moi. Je peux choisir de me concentrer sur mes cinq sens basiques, mais je peux aussi me concentrer sur mon équilibre, peut-être sur une sensation de tension ou de relâchement, sur une émotion.

Je vais répéter trois fois ce cycle avec une respiration à l'extérieur puis une respiration à l'intérieur. Je peux aussi la faire lorsque je parle avec quelqu'un ; je peux respirer à l'intérieur de cette personne et je peux respirer cette personne à l'intérieur de moi. Je peux respirer un détail de cette personne et respirer ce détail à l'intérieur de moi. Respirez en pleine conscience de ce qui vit en dedans et en dehors pour tisser ce lien invisible.

## *Nadi shodhana*, la respiration de l'équilibre

**FLASHEZ LE QR CODE**

*Nadi shodhana* est la respiration alternée par le nez. Pour cela, et selon la tradition indienne, on va utiliser un mudra, une façon de tenir sa main, qui s'appelle vishnu mudra. On replie **l'index et le majeur** de la main droite.

On pose **l'auriculaire sur l'annulaire**. Puis on utilise **le pouce pour boucher la narine droite** et **l'annulaire pour boucher la narine gauche.**

Selon la tradition, on commence toujours par bloquer, donc par prendre une inspiration, avant de boucher la narine droite et d'expirer par la narine gauche. Puis inspirez à gauche sur le compte de quatre, la narine droite toujours bouchée. Et expirez à droite, sur le compte de six, en bouchant, cette fois-ci, la narine gauche.

Inspirez à droite, la narine gauche toujours bouchée, sur le compte de quatre. Expirez à gauche, sur le compte de six, en bouchant, cette fois-ci, la narine droite.

Le rythme peut être plus long ou plus court.

Cette respiration va complètement engager nos deux parties du cerveau. Lorsque nous respirons par la narine droite, c'est le cerveau gauche, contrôlant la force vitale, qui est sollicité. Inversement, lorsque nous respirons par la narine gauche, c'est l'hémisphère droit, contrôlant l'émotionnel, qui est activé.

Ainsi nous allons nous engager avec cette partie créative et cette partie rationnelle du cerveau. Le cerveau, constitué de cinquante-deux parties, est très complexe. Les neurosciences cherchent encore à en comprendre toutes les fonctionnalités. Mais, ce qui semble approuvé, c'est que les différentes fonctions du cerveau seraient plus connectées avec soit la créativité, soit l'imagination et la projection.

Le but de *nadi shodhana* est donc de générer un équilibre, une homéostasie. En contrôlant cet équilibre, on favorise une approche rationnelle mais aussi créative. C'est l'une des meilleures respirations pour commencer ma journée, pour rééquilibrer ce qui est réel, ce qui est du rêve, ce que je souhaite, ce que j'ai et pour vivre bien et aussi vivre mieux.

Vivre « bien » est une dimension en soi, mais vivre « mieux » est une direction. Afin de lier les deux, il s'agit d'être rationnel, de voir ce qui est apprécié et ce que j'apprécie. Il s'agit aussi d'être dans l'imagination, car, tous les jours, je désire des choses qui n'existent pas encore. Mais je prends le parti de choisir une direction, quoi qu'il advienne, tout en conservant ma joie. Avec *nadi shodhana*, je parviens à rééquilibrer cette énergie en moi par le biais de la respiration.

## Les six respirations de manifestation

FLASHEZ LE QR CODE

Les six respirations de manifestation sont inspirées du travail de Toshihiko Yayama, un médecin japonais adepte du *kiko*. Pour les apprendre, veuillez suivre la vidéo d'explication, car elles sont associées à une gestuelle facile à reproduire, mais qui demande de la précision dans son exécution.

Aux six respirations de manifestation sont associés six gestes. Il y a le geste de l'imagination (qui précède et engendre celui de la créativité), puis vient le geste du pardon car le pardon est nécessaire à toute guérison, qui est le geste suivant. L'harmonie est le cinquième geste. Enfin, le geste final est celui de l'Amour, qui conclut cette séquence.

J'associe à ces gestes un regard sur mes perceptions et des questionnements. Qu'est-ce qui est utile ? Qu'est-ce que je veux ? Qu'est-ce que je choisis ? Bref, je me projette, j'imagine. Le pardon vient pour moi et va me permettre de guérir puis de m'harmoniser avec ce qui m'entoure sans vouloir rien contrôler. C'est au moment où j'accepte de ne pas tout contrôler que vient l'amour.

# III

# La connaissance de soi du point de vue du thérapeute

La connaissance de soi est la connaissance de ce avec quoi nous sommes nés. « CON-NAISSANCE » pourraient signifier « naître avec ».

À sa naissance, l'être humain que nous sommes n'est pas mature. Nous restons dépendants et avons besoin de nos parents pour notre développement. Pour autant, nous avons, à cette étape de la vie, des capacités d'adaptation absolument incroyables. Nous possédons une souplesse phénoménale, et ce sur tous les plans : neuroplasticité, souplesse corporelle, immunité en formation, etc.

Il en est de même pour la respiration. L'ostéopathe Roger Fiammetti évoque, pour le nourrisson, sa capacité à développer une « respiration totale ». Et il a raison, car, à la naissance, si nous avons la chance d'être dans un milieu aimant et protecteur, nous n'avons pas de restriction, pas de problème articulaire ou de stress limitant notre respiration. La page est blanche, notre respiration est totale. Dire que le nouveau-né respire « totalement » signifie que tous ses volumes ventilatoires sont sollicités naturellement. Nous avons tous connu une respiration optimale ; s'y reconnecter apparaît donc comme une voie nécessaire et accessible. Nécessaire, car elle nous permet de renouer avec la connaissance de ce que nous sommes depuis les origines ; accessible parce qu'elle est simple à pratiquer.

La connaissance de soi, de notre corps peut aussi être comparée à la culture générale. Imaginez qu'à la naissance nous disposions d'une grande bibliothèque avec les ouvrages essentiels pour apprendre l'ensemble des choses qui vont fonder les bases de notre pensée, de nos réflexions et de notre esprit dans des domaines spécialisés, comme l'algèbre, la musique, la littérature, etc. Imaginez que ces milliers d'ouvrages offrent tous des pages blanches prêtes à être écrites, corrigées, réécrites, raturées, et ainsi de suite. Nous aurions ainsi un système infini de croissance de la connaissance. Notre corps est ainsi fait et il s'agit de le découvrir à l'infini.

Nous respirons entre 15 000 et 25 000 fois par jour, la plupart du temps de manière automatique, sans même nous en rendre compte. Pour autant, nous avons tous la capacité de modifier nos respirations de manière volontaire, depuis la plus tendre enfance jusqu'au dernier souffle. Ce détail, qui peut paraître anodin à première vue, constitue toute l'essentialité de notre respiration sur nos vies.

Dans notre évolution sur Terre, on peut définir trois niveaux symboliques qui correspondent à notre physiologie du cerveau :

- Le reptilien : primitif, archaïque (400 millions d'années) ;
- Le paléomammalien ou limbique : instinctif, émotionnel (60 millions d'années) ;
- Le néomammalien ou néocortex : rationnel (3,6 millions d'années).

Ces trois catégories sont souvent citées dans cet ordre par cohérence avec leur chronologie d'apparition dans l'évolution.

Pourtant, cela induit une sorte de prépondérance du néocortex sur le limbique et, qui plus est, sur le reptilien. Mais il faut comprendre que ces trois stades ont chacun toute leur importance au sein du fonctionnement des êtres complexes que nous sommes. En effet, ils ne correspondent pas à trois couches superposées qui seraient venues au fil de l'évolution. Ils sont cités pour décrire l'évolution de la complexité grandissante des interconnexions entre les différentes zones cérébrales.

Une personne intelligente, comme une cellule ou un organe, est avant tout une personne adaptable, c'est-à-dire équilibrée. C'est une personne qui a une harmonie de fonctionnement entre ces trois catégories d'intelligence : les intelligences rationnelles, émotionnelles et primitives.

Nous sommes et restons des êtres biologiques ayant la chance de connaître le miracle de la vie par l'intrication de ces trois niveaux de fonctionnement d'intelligence.

Nos cerveaux primitifs sont devenus, avec l'évolution, incroyablement complexes. Mais, comme le précise Lisa Feldman Barrett, éminente professeure de psychologie, nos cerveaux restent au service du corps. Elle précise cela pour expliquer que le modèle triunique du cerveau (reptilien, limbique, néocortical) est maintenant dépassé puisqu'il s'agit d'une vulgarisation trop schématique qui ne prend pas en compte la réalité complexe du cerveau. Selon la psychologue, il existerait un « budget corporel » destiné à signaler que le processus neurologique qui s'enclenche à tout instant se fait toujours selon le principe du moindre effort. On peut même dire que la complexité de l'évolution du cerveau sert ce moindre effort. Ce qui explique que l'on a pu, au cours du temps, réaliser des tâches de plus en plus complexes et qu'on peut encore s'entraîner à développer nos capacités d'adaptation.

L'intelligence peut être définie comme le développement de la capacité d'adaptation. Nos cellules peuvent devenir plus adaptatives, comme nos organes, nos émotions, notre intellect, nos relations, notre vie tout entière.

La réaction de protection qu'est le stress organise nos réactions de manière instinctive afin de nous permettre de prendre les meilleures options à court terme. Une réaction automatique provenant du cerveau primitif ou limbique est physiologiquement plus rapide, car elle comporte moins de synapses qu'un ordre d'activation neuronal faisant intervenir la volonté du cerveau néocortical plus complexe et qui est modulé par l'émotivité du cerveau limbique.

Le travail de la respiration nous donne un accès privilégié à cette complexité interne. La respiration permet une interaction sur :

- Le rythme cardiaque ;
- La tension artérielle ;
- Le pH, ou potentiel hydrogène, qui est la mesure de l'acidité ou de la basicité d'une solution ;
- L'oxymétrie (l'oxymètre peut analyser rapidement l'efficience avec laquelle l'oxygène est acheminé vers les parties du corps les plus éloignées du cœur, telles que les doigts et les orteils. Elle permet de surveiller les personnes atteintes de pathologies qui affectent l'oxygène dans le sang) ;
- La capnie (qui correspond à la **pression partielle en dioxyde de carbone dans le sang artériel**) ;
- Le métabolisme énergétique, qui est l'ensemble des réactions chimiques au niveau des cellules de l'organisme : la phosphorylcréatine (voie anaérobie alactique), la glycolyse (voie anaérobie lactique) et la chaîne respiratoire au niveau de la mitochondrie (voie aérobie) ;
- La régulation thermique.

Pour se connaître soi, il faut donc connaître sa respiration. La respiration est avant tout un mouvement. Il y a le mouvement de l'air et de ces gaz qui engendrent des circulations d'énergie et, bien sûr, le mouvement du corps avec ses muscles et ses articulations.

Cet éveil corporel est aussi un éveil de la conscience présent chez l'être humain dès la naissance des premières communautés. On le retrouve sous forme de rituels, d'apprentissages, de réflexions et d'écrits dans toutes les cultures. La culture occidentale s'oriente aujourd'hui de plus en plus vers ces pratiques. À la faveur de la crise, beaucoup d'individus ont pris conscience du niveau de déconnexion de leur corps. Et nous avons tout à gagner dans l'approfondissement de la connaissance de soi. La respiration, le mouvement et la méditation ou la visualisation en sont les meilleurs accès.

Ainsi, nous devenons des «***HOMO SPIRITUS***».

S'éveiller à la conscience de notre respiration, c'est élever son esprit, au sens figuré comme au sens propre. C'est même en élevant le niveau de connaissance de ses capacités respiratoires que vient une progression de la conscience de soi et de son esprit. Par l'accomplissement du souffle prolongé, étiré à son maximum, on peut prendre conscience de son plein potentiel respiratoire, énergétique et émotionnel.

Être organique et être spirituel sont donc les deux polarités qui constituent notre existence. Connais-toi toi-même en pratiquant ce qui te grandit.

Mais allonger son souffle n'est pas forcément instinctivement attrayant. Cela rappelle inconsciemment au corps la possibilité du dernier souffle. Il faut aborder ce type d'exercice comme un entraînement. Aux origines du yoga, il était dit que l'allongement du souffle au-delà de trente secondes garantirait la disparition des toxines et des maladies.

## Jonathan, chef d'entreprise

*« J'ai voyagé, pleuré comme jamais, moi qui ne parvenais plus à le faire. »*

*J'ai découvert Ethos Flow grâce à un réseau social à une période où je recherchais quelque chose de plus dans ma vie. Avant cela, j'avais vécu une expérience bouleversante avec la respiration. Une nuit où je voyais ma grand-mère me parler et me dire : « inspire, expire », j'eus l'impression de posséder des superpouvoirs, d'être capable de prouesses. Donc, j'avais compris, ou plutôt mon corps avait compris ce que ma tête a mis beaucoup plus de temps à intégrer : que la respiration était la clé.*

*J'ai ensuite travaillé sur mon corps et ma respiration avec votre thérapeute, Benjamin, pour arrêter de vivre dans mon mental. Il m'a fallu lâcher prise sur ma phobie des transports et la regarder en face.*

*J'ai voyagé, pleuré comme jamais, moi qui ne parvenais plus à le faire. J'ai vécu des transes, compris que la tristesse était très présente chez moi et que je ne pouvais plus la dissimuler. J'ai bien réussi ma vie professionnelle, mais à quel prix ! Aujourd'hui, je ne veux plus vivre en forçant. Je suis confronté à une honnêteté obligatoire et j'ai besoin d'authenticité et de sincérité.*

*Quand une angoisse réapparaît ou qu'une journée est moins facile, il y a toujours une petite respiration à utiliser pour revenir à soi, et ça fait toute la différence.*

## Connaissance de soi, conscience de soi et soi inconscient

Le soi est un modèle d'organisation tout à fait complexe. Si l'on considère le soi comme l'élaboration d'une personne à partir de sa constitution et de ses expériences, le soi se compose alors d'une partie explicite, consciente, et d'une partie implicite inconsciente. La conscience d'une personne lui permet de se représenter à elle-même mais ne constitue pas l'ensemble de son être.

Dans *Neurobiologie de la personnalité* (Odile Jacob, 2003), Joseph LeDoux, professeur en sciences à l'université de New York et directeur du Center for the Neuroscience of Fear and Anxiety, explique :

« En dépit de cette longue tradition mettant l'accent sur le soi comme entité consciente, le soi dont nous sommes conscients ou pouvons être conscients ne recouvre pas totalement ce à quoi se réfère le terme[1]. »

« Quels sont donc ces processus inconscients ? En fait, ils comprennent tout ce que le cerveau fait, tant pour maintenir l'équilibre corporel en régulant les rythmes cardiaque et respiratoire, les contractions de l'estomac, la posture, que pour contrôler de nombreux aspects de la vision, de l'olfaction, du comportement, des sentiments, de l'expression, de la pensée, de l'évaluation, du jugement, des convictions et de l'imagination (Strawson 1959). Nous sommes souvent conscients de ce que

1. *Neurobiologie de la personnalité*, Odile Jacob, 2003, p. 41.

nous faisons quand ces actions ont lieu, mais, la plupart du temps, notre conscience n'est informée qu'après coup[2]. »

Une partie importante du soi semble échapper à la conscience. La représentation du soi n'est alors que le fruit de ce qui peut surgir à la conscience.

Dans le documentaire *Le Cerveau et ses automatismes, le pouvoir de l'inconscient*[3], j'ai relevé ces différentes remarques qui appuient l'importance du rôle de l'inconscient dans le fonctionnement de l'être. Dans ce documentaire, un psychologue américain a estimé que notre cerveau pouvait enregistrer onze millions d'informations simultanément, mais que seules quarante d'entre elles le sont de façon consciente. Par l'expérience, notre cerveau occulte de notre conscience ce qui est sans importance ou déjà connu.

Allan Snyder, directeur du Centre for the Mind à l'université de Sydney, affirme dans ce documentaire que « nous sommes guidés par notre inconscient. La plupart de nos actes relèvent de lui. » Il va jusqu'à dire que « les décisions que nous prenons, c'est l'inconscient qui nous les dicte. »

John Bargh, sociopsychologue à l'université de Yale, affirme que « l'inconscient agit sur tout. Plus on avance dans les recherches, plus la part du conscient diminue ».

Dans l'émission de France Culture, « Les nouveaux chemins de la connaissance » diffusée le 6 juin 2014, Michel Bitbol, chercheur en philosophie des sciences et directeur de recherche au CNRS, explique que « la question de la conscience est sans limites. Les gens ayant connu des expériences singulières, qui semblent insaisissables par la science, ne croient plus en des explications

2. *Ibid.*, p. 21.
3. De Francesca d'Amicis, Petra Höfer et Freddie Röckenhaus, réalisé en 2011.

biologiques de la conscience. Les croyances que nous avons au sujet de la nature et de l'origine de la conscience dépendent de notre état de conscience soit actuel, soit habituel.

Si nous avons un état de conscience bien discipliné, nous aurons tendance à croire les explications bien matérielles de la conscience alors que si nous avons de nombreuses expériences d'état hypnotique hallucinatoire, alors nous n'aurons plus tendance à croire en des explications matérialistes. Cela forme une boucle de rétroaction intéressante. »

Michel Bibtol parle de l'expérience de Jill Taylor, scientifique américaine, spécialisée en neuroanatomie :

« Jill Taylor a eu une expérience d'accident vasculaire cérébral de l'hémisphère gauche, celui-ci abritant les centres du langage. À la suite de l'AVC, Jill Taylor a ressenti une faiblesse du côté droit et, du fait qu'il n'y avait plus de limite entre elle et le monde, entre ce qu'elle percevait et ce qu'elle vivait, elle s'est sentie fondre dans le monde environnant. Puis elle s'est soignée et son hémisphère gauche est redevenu tout à fait fonctionnel, mais cette expérience l'a complètement transformée : au lieu de dire que, pendant cet AVC, elle était dans un état pathologique qui l'empêchait de voir le monde tel qu'il est, c'est-à-dire un monde séparé en moi et autre chose, elle a dit qu'en vérité on devrait voir les choses "à l'envers", que c'est notre hémisphère gauche analytique qui nous empêche de voir la vraie nature des choses et de la réalité, qui est non duale, non séparée et non analysée et non analytique.

[...] Mais la dualité est due au corps lui-même, c'est un fait biologique. Il y a une origine biologique des distinctions. Taylor n'explique pas qu'elle a raison, mais elle donne juste une des possibilités de la pensée qui consistent à inverser l'ordre des raisons, des jugements et à considérer que notre monde discipliné, celui que nous vivons parce que nous sommes des individus équilibrés socialement, cet ordre-là n'est pas un ordre réel, c'est un ordre surimposé sur une réalité qui serait moins disciplinée que cela.

[...] En ce qui concerne les états de conscience, tous les enseignements sont à prendre en considération sur un plan parfaitement identique.

[...] Pour le monde purement scientifique, la conscience est le pouvoir de synthèse de représentation par les diverses aires spécialisées du cortex. La conscience comprend aussi une métaconnaissance, la connaissance de la connaissance, un redoublement du processus de connaissance. [...] Pour les philosophes, c'est beaucoup plus délicat et complexe, car on estime que la conscience inclut la réalité de l'illusion. »

# LA TRANSFORMATION

# I
# La transformation du point de vue du moine

*TM* : Nous abordons un sujet qui vous est cher : la transformation ! Vaste sujet. Peut-être le plus pertinent, j'en conviens, mais aussi le plus flou. Que signifie « transformation » selon vous ? Et, surtout, qu'est-ce que cela implique ?

*CTM* : Virginia Satir, l'une des psychologues majeures des années soixante-dix qui ont beaucoup inspiré Richard Bandler, l'un des créateurs de la programmation neurolinguistique, partageait la chose suivante : « Ce qui fait le plus peur aux gens n'est pas de perdre leur confort et leur sécurité, mais c'est le changement ! » Pourtant, le changement est une constante, car la vie est compulsive, cyclique. En revanche, la transformation s'opère de façon linéaire.

*TM* : Pouvez-vous préciser la distinction ?

*CTM* : Le changement ne change pas la qualité intrinsèque d'une chose. Un arbre peut changer, mais il reste un arbre. La transformation, c'est la petite graine qui devient une fleur. Il existe un avant et un après dans la transformation. Et c'est pour cela qu'elle représente un acte de courage, à la fois égoïste et solitaire. Se transformer est une façon de se sentir suffisamment confiant pour se démarquer de la masse et ne pas choisir la voie de l'approbation externe.

La transformation est une alchimie ; elle transforme le plomb en or, l'obscurité en lumière. D'ailleurs, l'obscurité est une absence de lumière. On peut mettre de la lumière sur l'obscurité, mais on ne peut pas mettre de l'obscurité sur de la lumière. Ce qui brille brille. Au moment de la transformation, il y a un choix, une prise de décision ; c'est un acte de courage, car il s'agit d'abandonner ce que l'on connaît pour embrasser quelque chose que l'on ne connaît pas. C'est pour cela que la transformation est aussi un chemin solitaire.

*TM* : Un exemple ?

*CTM* : Décider veut dire « couper ». Saviez-vous que le homard connaît une mutation ? Il vit dans cette carapace qui finit par devenir trop serrée. Alors, il se cache sous une pierre, perd sa carapace et sa nouvelle peau devient toute molle. C'est un moment de transformation mais aussi de grande vulnérabilité. En tant qu'êtres humains, on aborde la transformation en la comparant à quelque chose de futur et en projetant ses désirs. On met alors la barre très haut. Alors que la transformation, c'est rompre avec un avant qui ne fonctionne plus, quelque chose qui nous pèse ou quelque chose qui nous draine, qui nous tire vers le bas.

*TM*: En voilà une sacrée responsabilité que de prendre l'initiative de se transformer.

*CTM*: Dès lors qu'il y a cette prise de conscience de ce qui ne fonctionne plus, il y a ce lâcher-prise. Et, là, l'ego intervient, car il ne veut pas lâcher cette identité patiemment construite. L'ego a peur de mourir. Dans la tradition, chaque transformation passe par la douleur, par quelque chose de physique parce que la transformation ne peut pas être seulement cognitive. La transformation demande un processus mental, physique et aussi un regard tourné vers l'intérieur.

Attention à ce que la transformation ne s'accompagne pas d'une attente trop forte, car elle risque de susciter de la déception. Nous avons tendance à mettre la barre tellement haut que nous ne faisons plus les efforts suffisants. Nous pensons ne pas être à la hauteur, sans les qualités nécessaires. Puis nous abandonnons.

*TM*: Le processus de transformation dont vous parlez à l'échelle individuelle résulte pourtant d'une attente, voire d'un désir. Donc, il y aurait une transformation active. Mais peut-on admettre qu'il existe aussi une transformation passive, une transformation inconsciente en quelque sorte, qui s'imposerait à soi ?

*CTM* : La transformation peut être active et passive. Elle est active dans le sens où c'est un choix, un désir. Lorsqu'elle est active, c'est le moment où ce que je suis en train de vivre n'est plus utile ou ne fonctionne plus. Quelque chose de radical, en somme. Et il y a aussi des transformations passives. J'ai eu un accident de voiture où j'ai failli mourir, par exemple. Et, là, il y a quelque chose qui se passe en moi. Il y a une transformation qui se fait comme une sorte de *satori* (une « compréhension qui se prolonge », en japonais). Par ailleurs, une transformation peut être pour le meilleur comme pour le pire. En tout cas, il s'agit d'un parcours de connaissance de soi, de créativité, de mouvement.

En coaching, on parle de l'effet « *tugboat* », ces petits bateaux qui remorquent les gros bateaux dans les ports. Quand le gros bateau, le paquebot, arrive au port, il ne peut pas manœuvrer à l'intérieur. Donc, un petit bateau le tire et le dirige pour l'amarrer correctement. Le *tugboat* a suffisamment de puissance et d'agilité pour amener l'autre bateau à bon port. À l'image de ce petit bateau, le coach va aider les individus à se transformer. C'est gratifiant et épuisant. Ou on peut être un phare qui illumine et guide les bateaux vers le bon port.

*TM* : La métaphore est enthousiasmante !

*CTM* : Ce mot, « enthousiasme », nous l'utilisons beaucoup chez Ethos Flow ! Car il signifie « rempli, inspiré du divin », en grec. Voilà la transformation : s'inspirer du divin et aspirer à l'inconnu, embrasser ce que l'on ne sait pas ! Et voilà la quête du héros ; elle commence par cet enthousiasme. Ensuite vient ce moment du héros où il rencontre le maître, le coach ou le professeur. Puis le moment de l'ombre, celui où l'on affronte nos propres masques ainsi que le regard des autres. Ensuite, le regard que le monde porte sur nous va changer et le regard que l'on a sur le monde, sur les autres va changer à son tour.

*TM* : Nos relations avec notre entourage vont alors également se transformer ?

*CTM* : Vous pouvez trouver des résistances sur le chemin du changement, car il va se créer un effet miroir sur leur propre vie. C'est pour cela qu'il est très difficile de se transformer en communauté. Le chemin se fait d'abord seul. Au moment où l'on se transforme, les autres prennent alors conscience de leur non-changement et de la situation dans laquelle ils demeurent.

Puis vient un troisième moment après l'ombre. Naît alors cette lutte contre ce que l'on nomme le dragon, le malin ou le diable. Cette figure négative renvoie au fait de désapprendre pour réapprendre. Cela passe par la transformation des habitudes, de cette identité, de cet ego qu'on a créé par rapport à nos croyances et nos connaissances. Et le plus dur dans l'ego, c'est d'abandonner, de laisser mourir cette identité. Accepter de la laisser mourir revient à laisser mourir une part de soi. Donc, c'est le dragon qu'on combat et, au moment où le dragon meurt, la renaissance arrive et la lumière revient. Voilà la quête de la transformation. La transformation va demander du temps. Et c'est bien, puisque chez cette nouvelle génération « *scrolling* » où tout va très vite, où domine cette urgence extérieure, rien n'est vraiment en harmonie avec le rythme de notre corps et des saisons. Prendre le temps devient alors un privilège.

*TM* : Mais, alors, peut-on vraiment entamer une transformation seul ?

*CTM* : Dans le processus de transformation, on a besoin d'une aide, de références, de support. Chez Ethos Flow, ce support sera le corps, grâce à la respiration, au mouvement et à la méditation.

Pour illustrer mon propos, je vais encore utiliser l'analogie du dentiste. Si j'ai des caries, je me fais soigner les dents et, lorsque je rentre à la maison, je ne saute pas mon brossage de dents jusqu'au prochain rendez-vous. Au contraire, je maintiens la qualité de mon hygiène buccale plusieurs fois par jour. Et, même si je fais ça, j'irai voir mon dentiste une fois tous les six mois ou une fois par an. Je serai autonome. Ethos Flow, c'est l'autonomie dans la transformation. Car vous êtes la personne que vous avez toujours cherchée.

*TM* : Merci !

*CTM* : Et n'oubliez pas que le but de la transformation, c'est aussi de guérir. Guérir de mes parents, de mes ancêtres, à l'intérieur, pour ne pas redonner aux futures générations des choses inutiles.

*TM* : On parle de transformation mais aussi de transmission, n'est-ce pas ?

*CTM* : Dans les anciennes tribus, pour passer de l'enfance à l'âge adulte, il y avait un rituel destiné à créer cet état nouveau. Souvent, il y avait des étapes, des épreuves physiques pour marquer ce passage de l'enfant à l'adulte.

De la même façon, nous cherchons à « collapser » le temps, c'est-à-dire à réduire le temps pour entamer le processus de transformation grâce aux outils de la respiration, du mouvement et de la transformation. Ces outils appartiennent aux gens qui les pratiquent pour être, non pas meilleurs dans leurs pratiques, mais meilleurs dans la vie. En effet, qu'est-ce qui est le plus important dans la vie ? C'est la vie elle-même.

## *Priscilla Mirthil, employée*

*« Progressivement,*
*des transformations se sont opérées en moi. »*

*Je souffre d'une arythmie cardiaque et j'étais à la recherche d'une activité relaxante lorsque j'ai découvert Ethos Flow. Je pratique en marchant, au bureau ou chez moi, selon les besoins. Lorsque j'oublie, c'est la respiration qui vient alors à moi, comme un ami présent à chaque instant.*
*Désormais, je régule ma respiration en fonction des saisons, comme un défi et une reconnaissance envers la nature. Le rythme du vent d'automne, le grand froid d'hiver, la chaleur de l'été sont l'occasion d'adapter mes respirations.*

*Progressivement, des transformations se sont opérées en moi. Il a fallu installer une répétition, une habitude quotidienne pour évacuer ce qui m'encombrait. À la place, un vide s'est créé, une sensation enivrante qui a permis de cicatriser certaines plaies.*
*Aujourd'hui, mon rythme cardiaque s'est amélioré, surtout avec des électrocardiogrammes normaux depuis un an. Bien sûr, je conserve mon traitement. Dorénavant, je me projette vers des projets personnels et professionnels. J'ai pris conscience de cette énergie qui ne demandait qu'à être réveillée. Je sais que ma source de bien-être se trouve en moi, et cela m'aide à affronter le négatif.*

# II

# *La transformation du point de vue du coach*

## Ratio 1-2, rééquilibrer son tonus vagal

FLASHEZ LE QR CODE

Si je prends une mesure de un à l'inspiration, je vais expirer le double. Chaque expiration va durer deux fois plus longtemps que l'inspiration. Le nerf vague, qui connecte à la fois la tête, le cœur et le système digestif, est le nerf plus long et le plus ramifié du système nerveux autonome. Il participe à la digestion, au repos et à l'équilibre du métabolisme, c'est-à-dire à l'homéostasie. L'amour est intense, la vie est intense, la connaissance de soi est intense, et le déséquilibre est permanent.

Et ce stress est quotidien, comment y faire face ? Comment réguler son corps ? Le but est de ne rien faire, au moins pendant vingt à trente minutes chaque jour sans son téléphone, sans rien de perturbant, pour relâcher son système nerveux. Cette respiration nous y aide.

Si j'inspire en cinq temps, j'expire en dix temps, et alors je peux allonger le temps. On peut assez facilement parvenir à faire du 10/20, ce qui veut dire deux cycles de respirations par minute. Ça va être extraordinaire ! Avec de l'entraînement, je peux aussi faire un seul cycle par minute en faisant du 20/40.

À partir de là, vous transcendez le moment. Si vous parvenez à faire dix cycles, l'expérience va être incroyable, une rencontre avec soi-même, une transformation.

## La respiration de l'alchimiste

**FLASHEZ LE QR CODE**

Avec cette respiration, on va respirer comme un alchimiste. Mais, cette fois-ci, on va respirer dans la personne. On va prendre la douleur, la peine, la tristesse, ces choses qui font que les gens ne sont pas bien ou que c'est difficile. Et on va prendre tout cela dans notre cœur et le transformer en lumière, en bienveillance, en amour. On va regarder les gens sans dire un mot, en arrêtant toutes nos histoires, toutes ces limitations, tout ce discours intérieur. Puis on va expirer de la bienveillance, de l'amour, de la compréhension, du pardon. Et cette respiration est très émotionnelle, elle a un pouvoir alchimique, celui de transformer le plomb en or, l'obscurité en lumière, la tristesse, la colère en amour, en pardon, en bienveillance. Ainsi, la respiration de la colère devient celle de l'amour et de la bienveillance.

## La respiration *de-reflexive*

**FLASHEZ LE QR CODE**

Cette respiration permet de déprogrammer certaines croyances que l'on entretient à propos de soi.

Par exemple, notre schéma respiratoire débute avec une inspiration d'oxygène, puis finit par une expiration de dioxyde de carbone. C'est un fait physiologique et aussi une croyance, car on peut réaliser ce cycle autrement.

Donc, je vais inspirer et, dans le même mouvement, approcher ma main droite de mon visage. À l'expiration, ma main va s'éloigner de mon visage. Ma main est comme une plume ou une feuille. Je répète cela durant une minute. Maintenant, je vais associer à ce mouvement la main gauche et elle va faire le contraire de la main droite. Elle va s'éloigner quand j'inspire et se rapprocher quand j'expire.

Dans le même mouvement d'inspiration, la main droite s'approche de mon visage tandis que ma main gauche s'éloigne. Et, dans le même mouvement d'expiration, la main droite s'éloigne de mon visage tandis que ma main gauche se rapproche.

Après quelques minutes, je vais arrêter de bouger ma main droite et seule ma main gauche fait son mouvement. Puis je cesse tout mouvement pour visualiser une lumière qui rentre dans mon corps au moment de l'expiration et qui sort de mon corps quand j'inspire.

Cette dissociation brise le schéma traditionnel pour activer l'imaginaire. Elle distingue puis enchevêtre ce qui est imaginaire, ce qui est réel et ce qu'on pense pouvoir distinguer entre le réel et l'imaginaire.

## La trace

**FLASHEZ LE QR CODE**

La trace va complètement booster notre énergie. Lorsque je suis fatigué, elle va me faire décoller. Elle est très puissante et il est donc préférable de l'utiliser avec parcimonie.

On choisit un cycle de vingt, trente ou quarante grandes inspirations par la bouche ou par le nez. Et j'expire à chaque fois rapidement. À la fin du cycle, j'expire tout l'air de mes poumons et je réalise un maximum de pompes en apnée (vous pouvez également les faire sur les genoux). Je pompe jusqu'au moment où je ne peux plus retenir ma respiration.

À ce moment-là, je m'assois et je prends une grande inspiration, je me penche légèrement vers l'avant et, les bras en croix collées sur mon torse, je bloque ma respiration et contracte l'ensemble de mon corps, toute la chaîne musculaire durant vingt secondes. Puis je relâche, je reste au contact de mes sensations.

Attention, cette trace n'est pas recommandée pour les personnes souffrant de problèmes cardiaques.

# III
# *La transformation du point de vue du thérapeute*

Comme nous l'avons vu dans le chapitre consacré à la créativité, les cellules connaissent un cycle de renouvellement. Chaque être vivant se retrouve alors sur une période donnée complètement renouvelée du point de vue cellulaire. Ce renouvellement perpétuel qui anime le monde du vivant est bien l'illustration du phénomène de transformation – « se former au travers » – puisque nous avons l'occasion de nous former au travers de ce renouvellement.

Cela soulève une question philosophique, car on peut considérer que nous ne sommes plus la même personne au fur et à mesure de ces cycles cellulaires. Cela est d'autant plus vrai que l'on va pratiquer de nouvelles sollicitations au sein de nos cellules.

Le phénomène d'hormèse précédemment décrit est, pour beaucoup, responsable de cette transformation. En se mettant à l'épreuve en sortant de sa zone de confort, on va développer son antifragilité et ainsi donner à nos cellules cette capacité de se transformer afin de mieux réagir, de mieux s'adapter à des sollicitations de plus en plus importantes. Dans la limite de notre potentiel évidemment, mais en prenant le chemin de la découverte du plein potentiel, on est souvent très surpris des forces cachées qui peuvent se dévoiler.

À partir du moment où je prends la décision d'expérimenter de nouvelles sensations, de nouvelles aptitudes, je prends le chemin de ma transformation.

Ce qui est très différent du changement. C'est comme si on comparait le fait de changer une roue standard avec une autre roue standard et le fait de décider de passer en mode tout-terrain.

Pour autant, on peut différencier deux types de transformations dans le corps humain. Les transformations conscientes et les transformations inconscientes. Les premières sont celles que l'on peut choisir, par exemple, une transformation physique par la musculation ou une transformation d'état d'esprit par des programmes de développement personnel. Les transformations dites inconscientes concernent, elles, toutes les étapes physiologiques qui peuvent s'inscrire dans le déroulement d'une vie, par exemple, la grossesse, la croissance, la puberté, le vieillissement, etc. Ces deux types de transformations conscientes et inconscientes sont étroitement liées et peuvent s'influencer les unes les autres.

C'est important de comprendre qu'en prenant bien compte de cela il sera alors intéressant de se servir de la chronicité des transformations physiologiques inconscientes pour accompagner au mieux les transformations conscientes, qui dépendent principalement de la volonté.

« Le changement c'est tout le temps, la transformation c'est un choix. »

La transformation, c'est comme la meilleure façon de passer son temps en engageant sa curiosité, en sollicitant son agilité, en restant un éternel élève et, par ce biais, de s'élever sans cesse.

Le corps humain fait cela mieux que celui de toute autre espèce vivante puisque, lorsqu'il naît, il n'est pas encore mature ni indépendant. Il est alors obligé de se transformer pour atteindre un niveau suffisant pour sa survie. Or, nous avons aujourd'hui, cher lecteur, la chance de pouvoir vivre plus que de survivre, et cela nous donne l'occasion de nous positionner sur ce que nous voulons faire de cette opportunité qu'est notre vie confortable.

Voulons-nous nous contenter de ce confort accessible et nous maintenir au même niveau ou voulons-nous continuer à explorer nos compétences et expérimenter la vie avec nos pleines capacités ?

C'est une question qui n'a pas de bonne ou de mauvaise réponse. Chaque période facile connaît un avenir de crise et chaque crise connaît un avenir qui s'améliore.

*« Il vaut mieux être un guerrier dans un jardin*
*que d'être jardinier dans une guerre. »*
*Bruce Lee*

À SAVOIR

## RESPIREZ DANS TOUS LES SENS

Cinq sens, dix sens, onze sens, voire trente-deux sens… plus encore ???
Aristote proposait de se concentrer sur les cinq sens pour définir les lois logiques et donner du corps à la raison : **l'odorat, l'ouïe, la vue, le goût et le toucher.**
Dans la méthode Ethos Flow, nous proposons la respiration des dix sens et considérons qu'il y a en fait onze puisqu'il serait absolument irrespectueux d'oublier le sens de l'humour qui vient s'ajouter aux sens précédemment cités et aux cinq sens suivants que sont :

- **L'équilibre ;**
- **La proprioception** ou la perception du corps dans l'espace ;
- **La nociception** ou la sensibilité douloureuse ;
- **Le sens thermique** ou le froid et le chaud ;
- **L'émotion** qui regroupe tous les autres.

Dans son ouvrage *Super Senses*, la journaliste Emma Young parle de « la symphonie des trente-deux sens ».
Pour le goût, nous pouvons différencier :

- **Le salé ;**
- **Le sucré ;**
- **L'acide ;**
- **L'amer ;**
- **L'umami ou le savoureux.**

On peut également rajouter **l'aigre**, **l'astringent** et **l'onctueux.**
Pour le toucher, il y a des variations également :

- **La pression ;**
- **La vibration ;**
- **La caresse ;**
- **La démangeaison.**

Et **les chatouilles,** alors ? Et **les frissons** aussi ?

À SAVOIR

Pour la nociception, on peut différencier :
- **La douleur thermique ;**
- **La douleur chimique ;**
- **La douleur mécanique.**

Pour le sens thermique, on peut séparer :
- **Le chaud ;**
- **Le froid.**

Pour le sens de l'équilibre vestibulaire, on peut différencier les perceptions de :
- **Mouvements rotatifs**, par exemple en tournant la tête ;
- **Mouvements verticaux**, par exemple dans l'ascenseur ;
- **Mouvements horizontaux**, par exemple, l'accélération en voiture.

Il y a également les sens viscéraux conscients :
- **La faim** et son contraire : **le fait d'être repus ;**
- **La soif ;**
- **L'envie d'uriner ;**
- **L'envie d'aller à la selle.**

Et il reste les sens inconscients qui nous permettent tout simplement de vivre en mode automatique avec les récepteurs :
- **De rythme cardiaque ;**
- **De la pression sanguine ;**
- **De dioxyde de carbone ;**
- **De l'oxygène ;**
- **D'étirement des tissus pulmonaires ;**
- **De flux cérébrospinal.**

En sommes, si nous additionnons tous les sens inscrits en gras, cela nous donne **44 sens !**

## Le pouvoir de l'imaginaire

En parlant de transformation, on ne peut pas manquer d'évoquer le pouvoir de l'imaginaire.

Tout ce qui existe a d'abord été imaginé. Cela est facile à vérifier. S'il n'y avait pas eu quelques fous s'imaginant voler dans les airs, personne ne prendrait l'avion aujourd'hui. Le pouvoir de l'imagination est infini et il se cultive. Cela, maintenant, est largement prouvé par les neurosciences et différentes études scientifiques.

Ce pouvoir infini mérite donc qu'on lui accorde toute notre attention afin d'accéder plus efficacement à nos pleins potentiels. Briser le plafond de verre du domaine d'excellence pour exprimer son domaine de génie.

Dans le documentaire diffusé sur la chaîne franco-allemande Arte *Dans la tête des champions* sorti en novembre 2022[4], il est expliqué l'importance de la visualisation mentale et du travail d'autohypnose qui peut être fait sur des sportifs de haut niveau.

La transformation des performances physiques des athlètes est directement connectée à ce travail qui vient du domaine de l'imaginaire. Dans ce documentaire, le professeur Aymeric Guillot, chercheur en neurosciences à l'université de Lyon, nous explique comment le travail de visualisation d'un sportif peut stimuler jusqu'à 80 % des connexions neuromusculaires semblables à celles utilisées durant l'exercice réel. Cet exercice mental peut être fait de différentes manières :

---

4. https://www.arte.tv/fr/videos/102283-000-A/dans-la-tete-des-champions/.

- Soit par la méditation en visualisant directement dans son imagination les performances à entraîner.
- Soit par la visualisation concrète d'images d'autres athlètes, d'un niveau supérieur dans l'idéal. On demande alors à l'athlète de s'imaginer à la place du champion vu à l'écran.

Cela est d'autant plus efficace que le sportif est expérimenté. Chez ces sujets, la neuroplasticité développée par le travail et les répétitions favorise l'efficacité des exercices de visualisation. Plus on est expert, plus le travail de visualisation mentale sera efficace dans la progression.

L'expertise s'acquiert donc par la répétition et le travail, et notamment le travail de répétition. À ce titre, nous sommes tous experts de quelque chose.

On peut être ceinture noire de tout. En faisant du judo tous les jours, on devient ceinture noire de judo. En faisant n'importe quoi tous les jours, on devient ceinture noire de n'importe quoi.

La transformation relève donc surtout des choix que l'on va mettre en pratique.

À l'heure de l'augmentation des capacités humaines par le développement des différentes Intelligences artificielles et des technologies à visée transhumaniste, la méthode Ethos Flow fait le choix de la bio transformation. Nous estimons que nous avons beaucoup de potentiel à faire ressurgir. Des potentiels enfouis en nous-mêmes, dans notre physiologie, dans nos mémoires et dans nos sensibilités. Nous détenons des trésors d'héritage d'adaptation.

Toutes les inventions, les créations humaines, qui s'inspirent du biomimétisme s'avèrent optimales en termes de performance, d'efficience et d'équilibre. Alors n'hésitons pas à nous inspirer de cette richesse originelle naturelle. Nous avons les moyens de vivre en bonne santé jusqu'au dernier souffle.

La transformation implique de l'adaptation et, pour y parvenir, le respect des capacités d'adaptation.

On connaît aujourd'hui les effets délétères de l'exploitation intensive de la terre et de ses ressources, comme l'uranium, le gaz de schiste, le pétrole et l'agriculture intensive avec tous les traitements chimiques que la pression du rendement exige. Il est facile de comprendre que l'exploitation raisonnée des ressources naturelles est plus pérenne, comme pratiquée dans la culture biologique locorégionale ou la permaculture.

À l'instar de la planète, l'humain a besoin de respecter un rythme et un équilibre afin que les transformations puissent s'accomplir de manière bénéfique dans le temps. Cela revient à se demander si l'on souhaite exploiter ses ressources rapidement en débitant un maximum de rendement afin de s'enrichir vite, au risque de tout épuiser, ou si l'on souhaite explorer toutes les subtilités de nos richesses afin de les partager pour les faire grandir et d'en profiter longtemps.

# Conclusion

Le souffle est une énergie qui circule dans votre corps et nourrit vos organes, vos fascias et vos muscles. Pour circuler, cette énergie a besoin d'un corps en santé, mobile et ouvert. Une bonne posture assise et un bon ancrage debout favorisent l'ouverture de la cage thoracique, l'amplitude du mouvement du diaphragme et la dilatation des poumons. Un corps souple et aligné optimise l'énergie, autorise des idées agiles et donne de l'espace aux émotions.

Dans la pratique de la respiration, le corps en mouvement peut générer des tensions. Alors soyez indulgent avec vous-même. Car c'est précisément la pratique en conscience qui va vous guider vers une meilleure posture, le repérage des tensions et l'exploration de votre cartographie corporelle. Et comme toute exploration, c'est le chemin qui compte, pas seulement la destination.

Cheminez donc, pratiquez et pas seulement le matin ou le soir dans le confort de votre demeure mais pratiquez au quotidien. Respirez au bureau, en réunion, à votre poste dans votre usine, au volant de votre voiture, en regardant vos enfants jouer, en contemplant un paysage somptueux, en faisant l'amour. Respirez vos émotions. La description, les techniques ont leur importance, revenez-y seulement de temps en temps. Pratiquez d'abord !

Une vieille citation indienne explique ceci : « Sème un acte, tu récolteras une habitude ; sème une habitude, tu récolteras un caractère ; sème un caractère, tu récolteras une destinée. » Le mot grec « *ethos* » est précisément cette habitude et ce caractère. Et c'est là que réside la force de la pratique qui, par la répétition, entraîne une prise de conscience de soi, un développement de sa compréhension interne. Quand son propre Ethos grandit, s'accomplit alors quelque chose de plus grand, d'inhabituel et d'intense.

# Bibliographie indicative

*Yoga pour chacun*, Philippe de Méric, Le livre de poche, 1968.
*Le corps a ses raisons*, Thérèse Bertherat et Carol Bernstein, Seuil, 1976.
*Chi kung, la chemise de fer*, Mantak chia, Guy Trédaniel éditeur, 2005.
*Le Livre des secrets*, Osho Bhagwan Shree Rajneesh, Albin Michel, 2005.
*Le Guerrier pacifique*, Dan Millman, J'ai lu, 2009.
*Ostéopathie structurelle*, Jean-François Terramorsi, Gépro, 2013.
*L'Art de la guerre*, Sun Tzu, Guy Trédaniel éditeur, 2015.
*Que tout ce qui respire…*, Vladimir Vasiliev, Scott Meredith, autoédition, 2016.
*Le Grand Saut*, Gay Hendricks, J'ai lu, 2019.
*Les 5 Temples*, Timothy Mirthil, Tana, 2020.
*Respirer*, James Nestor, Solar, 2021.
*L'Architecture du corps humain vivant*, Jean-Claude Guimberteau et Colin Armstrong, Sully, 2021.
*Dopamine Nation*, Anna Lembke, Dutton, 2022.

## Sources internet :

https://www.ethosflow.com/
https://originalstrength.net/
https://hubermanlab.com
https://jocko.com

# À propos des auteurs

**Chris Tai Melodista** : Coach, créateur de la méthode Ethos Flow.
Chris Tai a commencé les arts martiaux très jeune. Après quarante ans de pratique, il est désormais coach de vie, certifié de la « Hendricks institute », maître praticien de PNL et d'hypnose, et instructeur de Systema. Il fut le premier instructeur de la méthode Wim Hof aux États-Unis et en France dès 2014. En 2013, il fonde Ethos Flow.

**Timothy Mirthil** : Journaliste, cofondateur Ethos Flow.
En 2012, il a fait le tour du monde des arts martiaux à la rencontre des plus grands maîtres. De ce voyage, une série de reportages « La voie du guerrier » a été diffusée sur France Télévisions.
En Chine, Tim a eu la chance de pénétrer le fameux temple de Shaolin, il a croisé les gants avec le champion de boxe thaï Yodsanklai. Avec les lutteurs sénégalais, il a pu s'initier à cette lutte ancestrale puis atterrir au Brésil, le berceau du combat libre. Là-bas, c'est Rickson Gracie, le plus grand maître de Jiu-Jitsu

brésilien, qui lui a révélé l'importance de la respiration dans la pratique martiale.
Après un stage d'initiation au grand froid avec Wim Hof et une première immersion dans l'art du Kungdu-Yoga avec Alexandre Fradella, Timothy se consacre aujourd'hui pleinement à la pratique de la respiration. Il est également l'auteur d'un livre sur ce thème, *Les 5 Temples* (Tana, 2020).

**Benjamin Pallisé** : Kiné-ostéopathe, cofondateur Ethos Flow.
Benjamin est masseur kinésithérapeute depuis 2003 et ostéopathe depuis 2014. Il a cumulé, depuis près de vingt ans, une multitude d'expériences et d'aptitudes professionnelles, aussi bien en cabinet qu'à l'hôpital, mais aussi en clinique, en club sportif et en entreprise.
Il est formé au massage thaï à la Wat Pho de Bangkok, au Iokaï Shiatsu, ainsi qu'à de nombreuses formations postgrade en ostéopathie. Il est également pratiquant multisports dont le Systema depuis six ans avec Jean-Philippe Dary.

**Jean-Philippe Dary** : Musicien, cofondateur Ethos Flow.
Musicien professionnel depuis plus de trente ans, Jean-Philippe a collaboré avec les artistes Peter Gabriel, Tony Allen, Jeff Mills en tant que pianiste et co-compositeur.
Coach en jeu et prestation scénique auprès d'artistes professionnels et amateurs, notamment pour Chroma Zebrock, Jean Philippe est également professeur d'harmonie et de piano au Cours Florent Musique.
Pratiquant d'arts martiaux depuis l'âge de 13 ans, Jean Philippe est instructeur certifié de Systema (art martial russe, école Ryabko, Vasiliev), passion qu'il partage avec Chris Tai Melodista.

**Julien Chenaf** : Dirigeant d'entreprise, cofondateur Ethos Flow. Ingénieur en télécommunications et spécialiste des technologies digitales, Julien est aussi un passionné de management. Dans le monde professionnel comme dans la vie de tous les jours, il utilise les outils novateurs de la méthode Ethos Flow afin de proposer un nouveau modèle de leadership, à la fois efficace et profondément humain.

Création graphique et mise en page : Soft Office

Achevé d'imprimer en mars 2023
sur les presses de la Nouvelle Imprimerie Laballery
58500 Clamecy
Dépôt légal : mars 2023
Numéro d'impression : 303241

*Imprimé en France*

La Nouvelle Imprimerie Laballery est titulaire de la marque Imprim'Vert®